Untersuchungen
zur deutschen
Literaturgeschichte
Band 49

Małgorzata Świderska

Die Vereinbarkeit des Unvereinbaren

Ingeborg Bachmann als Essayistin

Max Niemeyer Verlag
Tübingen 1989

Gedruckt mit Unterstützung der Alexander von Humboldt-Stiftung

Meinen Eltern

CIP-Titelaufnahme der Deutschen Bibliothek

Świderska, Małgorzata :
Die Vereinbarkeit des Unvereinbaren : Ingeborg Bachmann als Essayistin / Małgorzata Świderska. – Tübingen : Niemeyer, 1989
(Untersuchungen zur deutschen Literaturgeschichte ; Bd. 49)
NE: GT

ISBN 3-484-32049-4   ISSN 0083-4564

Satz: Susanne Mang, Tübingen
Druck: Gulde Druck GmbH, Tübingen

Inhalt

Zur Zitierweise VII

Einleitung 1

I. Der Bestand des essayistischen Werkes von Ingeborg Bachmann . 11

1. Die dialektische Spannung: Kunst und Wissenschaft. »Die kritische Aufnahme der Existenzialphilosophie Martin Heideggers« – die Dissertation und ihre Auswirkung auf die Essayistik der Autorin 11
2. Grenzen der Welt und die Mystik des Herzens. Die philosophischen Essays: »Ludwig Wittgenstein – Zu einem Kapitel der jüngsten Philosophiegeschichte« (1953) und der Radio-Essay »Sagbares und Unsagbares – die Philosophie Ludwig Wittgensteins« (1953) 23
3. Das Unglück und die Gottesliebe – Der Weg Simone Weils 31
4. Utopie der induktiven Gesinnung – Musil als Stratege des Geistes: die Robert-Musil-Essays 35
5. Frankfurter Poetik-Vorlesungen: Probleme zeitgenössischer Dichtung 39
6. Reden: »Die Wahrheit ist dem Menschen zumutbar«, »Ein Ort für Zufälle«, Rede zur Verleihung des Anton-Wildgans-Preises 50
7. »Die wunderliche Musik« und »Musik und Dichtung«: die beiden Musik-Essays 54
8. Vermischte Schriften: Essayistische Skizzen und Übergangsformen zum Feuilleton und zu anderen journalistischen Kleinformen (Buchrezensionen, autobiographische Aufzeichnungen und Statements) . . . 57

II. Die Gesichtspunkte des essayistischen Schaffens und Schreibens von Ingeborg Bachmann. Motive, Themen und Fragestellungen ihrer Essayistik 66

Marcel Proust: Positivist und Mystiker. Eine Gesamtschau der »conditio humana« – die Veranschaulichung der Methode und der Thematik des essayistischen Denkens Bachmanns anhand ihres Proust-Essays und Vergleich mit den Proust-Essays von Ernst Robert Curtius und Walter Benjamin 66

III. Einige Bemerkungen zum Schluß der Arbeit: Ingeborg Bachmann und der Essay als Ort der Utopie 93

Nachwort 99

Literaturverzeichnis 101

Zur Zitierweise

Die Texte Ingeborg Bachmanns und einige Werke anderer Autoren werden mit folgenden Siglen und einfacher Seitenzahl, gegebenenfalls mit Band- (römische Ziffern) und Seitenangaben in runden Klammern zitiert:

W = Ingeborg Bachmann: Werke. Bd. I–IV. Hrsg. von Christine Koschel, Inge von Weidenbaum, Clemens Münster. München, Zürich: Piper ^{3}1984 (^{1}1978).

GuI = Ingeborg Bachmann: Wir müssen wahre Sätze finden. Gespräche und Interviews. Hrsg. von Christine Koschel und Inge von Weidenbaum. München, Zürich: Piper 1983.

KA = Ingeborg Bachmann: Die kritische Aufnahme der Existenzialphilosophie Martin Heideggers. (Diss. Wien 1949.) Hrsg. von Robert Pichl. München, Zürich: Piper 1985.

NN = Ingeborg Bachmann: Texte aus dem Nachlaß an der Österreichischen Nationalbibliothek in Wien.

MoE = Robert Musil: Der Mann ohne Eigenschaften. In: Gesammelte Werke. Hrsg. von Adolf Frisé. Reinbek bei Hamburg: Rowohlt 1981 (= 2. verb. Aufl.).

Adorno = Theodor W. Adorno: Der Essay als Form. In: Noten zur Literatur. Hrsg. von Rolf Tiedemann. Frankfurt am Main: Suhrkamp 1981 (= stw 355).

Tlp, Tb, PhU = Ludwig Wittgenstein: Tractatus logico-philosophicus, Tagebücher 1914–1916, Philosophische Untersuchungen. In: Werkausgabe in 8 Bänden. Bd. I. Frankfurt am Main: Suhrkamp 1984 (= stw 501).

PhB = Ludwig Wittgenstein: Philosophische Bemerkungen. Aus dem Nachlaß hrsg. von Rush Rhees. In: Werkausgabe in 8 Bänden. Bd. II. Frankfurt am Main: Suhrkamp 1984 (= stw 502).

Wir irren vorwärts.

Robert Musil

Die Worte sind wie die Haut auf einem tiefen Wasser.

Ludwig Wittgenstein

Einleitung

Diese Studie ist den essayistischen Schriften von Ingeborg Bachmann gewidmet. Ihre Essays wurden von der Literaturkritik bis jetzt vorwiegend fragmentarisch, punktuell behandelt. Wenn sie in irgendeinem Kontext der Erwähnung wert erschienen, geschah es meistens am Rande, man entdeckte sie, indem man sie als Belege bei den Interpretationen ihrer Lyrik und, besonders in den letzten Jahren, ihrer Epik heranzog. Es gibt keine umfangreichere Untersuchung, die sich ausschließlich mit der Essayistik Ingeborg Bachmanns auseinandergesetzt hätte.[1] Die meisten früher entstandenen Aufsätze, Abhandlungen und Dissertationen berühren zuweilen die Problematik ihrer Essays, es gilt aber vor allem für die Untersuchungen, die sich mit der (weniger als die feministische) »bahnbrechenden« Thematik der Sprache befassen. Die größte Beachtung fanden vor allem die Frankfurter Poetik-Vorlesungen, die Dissertation und die Preisreden der Autorin. Man könnte hier ruhig die Frage stellen, ob es überhaupt einen Sinn habe, sich nur mit der Essayistik Bachmanns zu befassen, sie zum alleinigen Gegenstand der Untersuchung zu erwählen. Diese Studie versucht, eine gültige, positive Antwort auf diese »mögliche« Frage zu geben und aufzuzeigen, inwieweit die essayistische Denk- und Schreibweise für Ingeborg Bachmann relevant, wesentlich, erscheint. Die Absicht dieser Untersuchung ist es also, fast alle bis jetzt zugänglichen essayistischen Schriften Bachmanns, die den nicht geringsten Teil ihrer Werke ausmachen, zu analysieren, sie auf ihre Thematik und Motive hin zu prüfen, ihren Eigenwert hervorzuheben, denn sie bilden alle »an sich« einen autonomen Teil ihres Œuvres, obwohl die Schriftstellerin bislang keineswegs als Essayistin »sui generis« galt wie etwa Rudolf Kassner, Walter Benjamin oder Heinrich und Thomas Mann.

Sicherlich bestehen zwischen den Essays der »intelligentesten« und »bedeutendsten« österreichischen Dichterin dieses Jahrhun-

[1] Vgl. das Literaturverzeichnis am Ende dieser Arbeit.

derts (Thomas Bernhard) und ihrem restlichen Œuvre, wie es auch im Falle jeder Autorin und jedes Autors von Rang ist, »Korrespondenzen«, offene und »subversive«, geheime Verflechtungen (wie es Walter Benjamin zu nennen pflegte), die ihr Werk in seiner Totalität als eine Einheit, als ein durchkomponiertes Gewebe von Themen und Motiven erscheinen lassen. Mit der Erforschung dieser »Korrespondenzen« befaßt sich seit einigen Jahren die »neue« Generation der Bachmann-Forschung. Die vorliegende Untersuchung bemüht sich aber um das Bild Ingeborg Bachmanns als Essayistin, versucht zu zeigen, daß diese Benennung als legitim gerechtfertigt ist. Es geht hier vor allem um einen eigenen Weg Bachmanns durch das Land der Philosophen, Schriftsteller und Dichter, um ihren Weg durch die »kritischen Wälder«, auf dem sie unterwegs zu sich selbst über die anderen reflektiert und ihr künstlerisches und ethisches Selbstverständnis an den Schaltstellen des Denkens zu suchen bemüht ist.

Es gibt neunzehn größere Texte Bachmanns, die man als genuine Essays bezeichnen kann, dazu gehören unter anderem ihre am meisten besprochenen Reden, Radio-Essays und die Poetik-Vorlesungen. In ihrem Nachlaß befinden sich, zur Zeit noch gesperrt, »Ein Essay in Briefform«[2] und ihre Briefe, die sicherlich theoretische Reflexionen enthalten.

Ingeborg Bachmann hat sich seit dem Anfang der fünfziger Jahre bis hin zu ihrem Tode, parallel zu anderen Strömungen ihres Schaffens, essayistisch geäußert. Essayistische Texte, seien es Radio-Essays, feuilletonistische Fragmente, Rezensionen oder andere Zweck- und Brotarbeiten, seien es persönliche Statements, Reden und andere Schriftstücke, Entwürfe und Texte, die sich als zwitterhafte Wesen keiner bestimmten literarischen Gattung zuordnen lassen, begleiteten ihren Lebensweg und lassen auch eine eindeutige Entwicklungslinie, die äußerste »Konsequenz« (im Büchnerschen Sinne) dieses Werkes erkennen. In ihren zahlreichen Interviews betonte Ingeborg Bachmann immer wieder die Bedeutung, die »unbedingte« Gültigkeit, die sie ihren essayistischen Äußerungen – vor allem der Dissertation und den Frankfurter Vorlesungen – zugeschrieben habe. Im Jahre 1962 sagte sie, daß sie froh sei, die Poetik-Vorlesun-

[2] Es handelt sich um den Entwurf eines Antwortbriefes auf Karl Markus Michels Grabrede auf die Literatur im »Kursbuch« 15 von 1968 (NN 1529).

gen gehalten zu haben, sie unterschreibe die wichtigsten Thesen daraus auch noch heute (GuI 31). Damals plante die Dichterin, dem Thema der letzten Vorlesung, »Literatur als Utopie«, nachzugehen und »ein kleines Buch« darüber zu schreiben (GuI 30); 1963 und 1973 äußerte sich Bachmann erneut positiv zu ihren Essays und ihrer Dissertation, sie stehe immer unbedingt zu ihnen: »Immer, wenn ich Korrekturen machen muß, muß ich ja das Frühere wieder lesen. Ich stehe noch dazu, sogar auch noch zu meiner Dissertation, nur zu einigen Gedichten nicht mehr« (GuI 125). Aus diesen Äußerungen der Autorin geht hervor, daß sie wahrscheinlich nichts gegen die Bezeichnung »Essayistin« einzuwenden gehabt hätte. Andererseits ist ihren Interviews zu entnehmen, daß sie der »klassifizierwütigen« Kritik gegenüber sehr negativ eingestellt war. Sie sprach sogar von einem »Einstellungswahn« der Kritik, der dazu führe, daß wir »Lyriker, Epiker und Dramatiker« hätten. »Es ist mir gleichgültig, unter welchen Begriff ich zu stehen komme« (GuI 41).

Ingeborg Bachmann betonte immer ihre »Lesewut« und »Büchersüchtigkeit«, ihr Leben lang soll sie intensiv außer dem Musikhören, das sie als Hilfe bei ihrer literarischen Arbeit betrachtete (GuI 42), auch jegliche Art von Literatur verschlungen haben:

> Lesen ist vielleicht meine einzige kontinuierliche Tätigkeit, wenn ich sonst nichts tue, ich lese immer: Geschichte, Philosophie, Mathematik und natürlich Schöne Literatur. [. . .] Was die Philosophie angeht, lese ich gegenwärtig Ernst Bloch, Husserl und immer wieder Kant. Mich interessieren Kolakowski und Walter Benjamin. Ein Autor, dem ich viel verdanke, ist Alexander Israel Wittenberg: ›Vom Denken in Begriffen. Mathematik als Experiment des reinen Denkens‹ – im Moment sieht es sogar nach recht systematischer Beschäftigung aus mit dem historischen Materialismus, von Marx und Lenin über die diversen Stationen bis zu Ernst Bloch und Kolakowski.[3]

Der Ausgangspunkt ihres literarischen Schaffens war die Beschäftigung mit der Philosophie und Psychologie,[4] zweifellos aber nicht

[3] Das Interview mit Kuno Raeber, vermutlich vom 28. Juni 1962 (NN 3573-3575). Leicht gekürzte Fassung: GuI 42.

[4] Ingeborg Bachmann studierte in Innsbruck, Graz und Wien neben Philosophie u.a. auch Psychologie. Vgl. hierzu: Kurt Bartsch: Ingeborg Bachmann, Stuttgart: Metzler (= Sammlung Metzler 242) 1988, S. 177. 1947 oder 1949 absolvierte sie ein Praktikum in der Nervenheilanstalt Steinhof bei Wien; vgl. Ingeborg Bachmann: Werke, hrsg. v. Christine Koschel, Inge von Weidenbaum, Clemens Münster. Bd. IV. München, Zürich 1984, S. 419, und Otto Bareiss: Vita Ingeborg Bachmann, in: Text + Kritik,

nur ausschließlich mit dem logischen Positivismus des Wiener Kreises, mit dem Außenseiter Ludwig Wittgenstein und mit der Existenzphilosophie Martin Heideggers bzw. mit allen anderen (Anti-) Heideggerianern. Zu ihren »geistigen Leitsternen«[5] mögen wohl so viele andere Sterne gehört haben, daß man eigentlich von Gestirnen und Sternkonstellationen an ihrem literarischen Himmel sprechen könnte, obwohl sicherlich Ludwig Wittgenstein und der philosophierende Dichter Robert Musil eine besondere Rolle bei der Herauskristallisierung ihrer Weltanschauung gespielt haben. Zu ihren Lieblingsschriftstellern zählte Ingeborg Bachmann u. a. Leopardi, Tolstoi und die russische Literatur des 19. Jahrhunderts, Italo Svevo, Ungaretti, Musil und Nelly Sachs.[6] Sie war also eine »femme de lettres«.

> Mein Interesse für Politik äußert sich in allem, was ich schreibe. Ich halte mich immer auf dem Laufenden. Politik ist ein Prozeß, den die überlieferten Begriffe nicht einfangen. Was heißt zum Beispiel Sozialismus? Der Begriff setzt voraus, daß die Menschen heute falsch leben. Aber die Menschen leben nicht falsch, man kann weder richtig, noch falsch leben. Ich muß das wohl einmal genauer erklären und etwas über Politik schreiben. (NN 3573-3575)

Erst vor kurzem hat die Bachmann-Forschung diese und ähnliche Äußerungen der Autorin zur Kenntnis genommen und sie als »engagierte« Künstlerin entdeckt. Im Zusammenhang mit den verschiedenartigen Einflußbereichen, deren Spuren man in ihren Werken ausfindig machen kann, versuchten die in den letzten Jahren erschienenen Untersuchungen das Werk Bachmanns als sehr stark der Psychoanalyse Sigmund Freuds, den Ansichten Herbert Marcuses und den literarischen Analysen Roland Barthes' verpflichtet darzustellen.[7] Auf die Frage Otto Basils, ob ihre Dichtung unmittel-

---

Sonderband: Ingeborg Bachmann, hrsg. v. Sigrid Weigel, München 1984, S. 180.

[5] Vgl. J. C. Nyiri: Zwei geistige Leitsterne: Musil und Wittgenstein, in: Literatur und Kritik (1977), H.113, S. 167-179.

[6] Vgl. das Interview mit Kuno Raeber (NN 3573-3575).

[7] Vgl. v.a.: Hans Höller: Ingeborg Bachmann. Das Werk. Von den frühesten Gedichten bis zum »Todesarten«-Zyklus. Frankfurt a. M.: Athenäum 1987, und die beiden Beiträge von Sigrid Weigel in: Text + Kritik (1984), Sonderband: Ingeborg Bachmann, S. 5f., S. 58-93. Laut Kurt Bartsch, a.a.O., S. 181, kannte Ingeborg Bachmann u.a. Theodor W. Adorno persönlich, sie soll in seinem Hause in Frankfurt ihre Poetik-Vorlesungen vorbereitet haben.

bar von der strukturalistischen Philosophie beeinflußt sei, gab Ingeborg Bachmann keine eindeutige Antwort (GuI 105). Sie sprach vielmehr oft von den Affinitäten, Gemeinsamkeiten im Denken, die sie mit einigen Philosophen und Schriftstellern teile. Sie wies mehrmals darauf hin, daß man in ihrem Fall die Beeinflussung durch ihr Philosophiestudium nicht überbewerten soll (Vgl. z. B. GuI 82f.). In derselben Richtung tendiert auch die »neue« Bachmann-Forschung, die sich um das ganzheitliche Bachmann-Bild bemüht, sie vor allem im Geiste des Poststrukturalismus, im Umkreis der Kultur- und Gesellschaftskritik der ersten Hälfte der achtziger Jahre, oft aus dem Blickwinkel der feministischen Positionen deutet und ihre späte Prosa, den unvollendeten »Todesarten«-Zyklus, die »Weiblichkeit« in den Bachmannschen Schriften, für sich in Anspruch genommen hat.[8] Auch zwei neu erschienene Monographien zum Werk Bachmanns versuchen, seine Vielschichtigkeit und seine gesellschaftliche »Brisanz« hervorzuheben und sind darum bemüht, seine »Problemkonstante« in allem, was die Autorin schrieb, zu finden, außerdem aber versuchen sie, mit den Legenden und Mißverständnissen, die um die Person und um das Werk Bachmanns »wuchern« (Marcel Reich-Ranicki), aufzuräumen.[9] Leiderfahrung und Utopie, die Darstellung der »Geschichte im Ich« als einer »Hadeswanderung« unserer Zeit (Hans Höller), der Komplex von »Geschlecht, Rasse und Geschichte« (Sara Lennox)[10] determinieren diese gesellschaftskritische Forschung. Im November 1964 antwortete die Dichterin auf die Frage nach der Problemkonstante ihres Werkes keineswegs eindeutig, sie sei gegen »dieses ganze Korsett, das man einem Schriftsteller viel zu früh überzieht [. . .]«, denn »wollte er sich damit bewegen, es müßte ihn steril machen, ihn töten« (GuI 49). Sie wehrte sich dagegen, ihr ein geschlossenes Weltbild zuzuschreiben, denn »dem vermöchte sich ganz und gar nicht einmal ein orthodoxer marxistischer oder katholischer Schriftsteller unterzuordnen« (GuI 49). Die Rolle des Künstlers betrachtete Bachmann ebenfalls als etwas »Fiktives« (GuI 63), sie wollte frei von »Phrasen« und

[8] Vgl. hierzu das Literaturverzeichnis.

[9] Hans Höller: Ingeborg Bachmann, a.a.O. und Kurt Bartsch: Ingeborg Bachmann, a.a.O.

[10] Sara Lennox: Geschlecht, Rasse und Geschichte in ›Der Fall Franza‹, in: Text + Kritik (1984), a.a.O., S. 156-180 und Angelika Rauch: Sprache, Weiblichkeit und Utopie bei Ingeborg Bachmann, in: Modern Austrian Literature, Vol. 18 (1985), Nr. 3/4, S. 21-38.

»Ansichten« die Gesellschaft »darstellen« können (GuI 91). Ihr war wichtig, daß sie zwar »alles wissen« müsse, aber um es »ausdrücken« zu können: »Ausdruck ist etwas anderes als eine Kundgebung von Meinung«, das täten unermüdlich Politiker, Intellektuelle und Kulturkritiker, sie wolle aber stets die »Aktualität korrumpieren« (GuI 91f.).

Ihre freie, kompromißlose und kritische Haltung der gesellschaftlichen Realität gegenüber teilt Ingeborg Bachmann mit den »großen« Essayisten, zu denen u. a. ihr Lieblingsschriftsteller Robert Musil gehörte, denn für ihn war der »Essayismus« weit mehr als die Pflege einer bestimmten literarischen Gattung - er erblickte in ihm eine Lebenshaltung, die er in seinem »Möglichkeitsmenschen« Ulrich exemplarisch darstellen wollte. Diese Haltung wurde auch für Ingeborg Bachmann verbindlich und ist in Anbetracht der intensiven Befassung mit Musils Werk für diese Studie zu berücksichtigen. Ulrich leitet seine »hypothetische« Lebensweise von dem Begriff des Essays her, denn »ungefähr wie ein Essay in der Folge seiner Abschnitte ein Ding von vielen Seiten nimmt, ohne es ganz zu erfassen, - denn ein ganz erfaßtes Ding verliert mit einem Male seinen Umfang und schmilzt zu einem Begriff ein - glaubte er, Welt und eigenes Leben am richtigsten ansehen und behandeln zu können« (MoE I/250), er rebelliert gegen jegliche logische Ordnung, mißtraut der vorhandenen gesellschaftlichen Wirklichkeit und dem in den Systemen erstarrten philosophischen Denken, will zugleich die absolute Wahrheit suchen und seine Subjektivität spielen lassen, er will etwas, was »dazwischen« liegt (MoE I/254). Hier trifft sich Robert Musils Auffassung des Essays mit den Ansichten des pathetischen Theoretikers Theodor W. Adorno, dessen Freund Walter Benjamin seinerseits der Utopie des Essayismus huldigte. Für Adorno ist der Essay die »kritische Form par excellence« (Adorno 27), er verwirkliche das Lustprinzip des Gedankens, sei in Deutschland nie beliebt gewesen, »weil er an die Freiheit des Geistes mahnt, die, seit dem Mißlingen einer [...] nur lauen Aufklärung, bis heute, auch unter den Bedingungen formaler Freiheit, nicht recht sich entfaltete, sondern stets bereit war, die Unterordnung unter irgendwelche Instanzen als ihr eigentliches Anliegen zu verkünden« (Adorno 10). Die Vorzüge dieser freien, ketzerischen Gattung erblickte Adorno gerade darin, daß sie als einzige literarische Spezies die dialektische Spannung zwischen Wissenschaft und Kunst auszuhalten imstande sei. Die »entmythologisierte« Welt habe sich dermaßen »vergegenständlicht«, daß die Wiederherstellung der Bewußtseinslage, in der »Begriff, Bild und Zeichen eins wären«, nicht mehr möglich sei. Die Trennung von Wissenschaft und Kunst sei längst vollzogen, »irreversibel« (Adorno 13). Der Essay könne jedoch diese Schwierigkeit auf eine nur ihm eigentümliche Weise überwinden, vor allem dank seinem utopischen Anspruch »auf die ganze Wahrheit«, die er als geschichtlich auffasse, er versuche, »das Vergängliche« festzuhalten, zu »verewigen« (ebd. 18). Unter dieser »irreversiblen« Trennung hatte dagegen Hermann Broch zu leiden, denn er mißtraute der unsicheren Form des Essays, schwankte zwischen der exakten wissenschaftlichen und der an das »Kitschige« grenzenden, in der Kunst möglichen Erkenntnis.[11] Auch Georg Lukács empfand ein leises Unbehagen an der archaischen, »primitiven Einheit mit Wissenschaft, Moral und Kunst«, in der die Form des Essays verweile, obwohl gerade er in seiner frühen Studie zum Essay[12] neben Theodor W. Adorno und Max Bense[13] das Wesentliche über die Form und über den »Charakter« dieser chimärischen und ephemeren literarischen Gattung ausgesagt zu haben scheint. Sowohl Adorno als auch Lukács und Bense betonen die Unbestimmtheit des Essays, seine Freiheit, die sich in seiner Verweigerung äußere, sich selbst durch Definition festzuhalten. Die Ausführungen Adornos bestätigen alle unüberwindlichen Schwierigkeiten der Essay-Forschung, eine Definition dieser Gattung anzugeben[14], denn der Essay rebel-

---

[11] Vgl. z.B. das Kapitel über Hermann Broch in: Dieter Bachmann: Essay und Essayismus. Stuttgart: Kohlhammer 1969, S. 131–155 (besonders S. 151ff.), bzw. den Aufsatz von Richard Thieberger: Brochs vergeblicher Kampf gegen das »Geschichtel«-Schreiben, in: Hermann Broch: Werk und Wirkung. Hrsg. v. Endre Kiss. Bonn: Bouvier 1985, S. 38-51.

[12] Georg Lukács: Über Wesen und Form des Essays. Ein Brief an Leo Popper (1910). In: Deutsche Essays. Prosa aus zwei Jahrhunderten. Ausgew. u. erl. v. Ludwig Rohner. Bd. I-IV, Neuwied u. Berlin: Luchterhand 1968, Bd. I, S. 32-54 (besonders S. 50).

[13] Theodor W. Adorno: Der Essay als Form. In: Noten zur Literatur. Frankfurt am M.: Suhrkamp 1981 (=stw 335), S. 9-33, und Max Bense: Über den Essay und seine Prosa (1952). In: Deutsche Essays, Bd. I, S. 54-69.

[14] So z.B. Ludwig Rohner: Der deutsche Essay. Materialien zur Geschichte und Ästhetik einer literarischen Gattung. Neuwied u. Berlin: Luchterhand 1966, S. 672; Bruno Berger: Der Essay. Form und Geschichte. Bern: Francke 1964, S. 5 u. S. 29, und Gerhard Haas: Studien zur Form des Essays und zu seinen Vorformen im Roman. Tübingen: Niemeyer 1966 (Studien zur deutschen Literatur, Bd. 1), S. 7 u. S. 17.

liere gegen jegliche Ordnung, gegen die Einteilung der Kultur in einzelne sauber getrennte Sparten. Der Essay ziele nicht auf geschlossenen, deduktiven oder induktiven Aufbau, lasse sich nicht in ein System einsperren, revoltiere gegen die vier Cartesianischen Regeln, gegen die lückenlose Ordnung der Begriffe (Adorno 16f.). Diese einzigartige literarische Form mißtraue der Illusion einer einfachen, logischen Welt, denke vielschichtig, nähere sich der romantischen Konzeption des Fragments, man könne in ihrem Fall vom Prinzip der Diskontinuität sprechen (ebd. passim). Der Essay erkenne das naturwüchsige Wesen der Kultur selber: »Auch die Paradiese des Gedankens sind einzig noch die künstlichen, und in ihnen ergeht sich der Essayist« (ebd. 29). Die Aktualität des Essays sei die des Anachronistischen, heutzutage habe er es nicht leicht, weil er zwischen einer organisierten Wissenschaft einerseits und einer Philosophie andererseits, die »mit dem leeren und abstrakten Rest dessen vorlieb nimmt, was der Wissenschaftsbetrieb noch nicht besetzte«, zu wählen habe (ebd. 32). Georg Lukács nannte diese Form nach Friedrich Schlegel ein »intellektuelles Gedicht«, sie drücke die Weltanschauung »in ihrer unverhüllten Reinheit als seelisches Ereignis, als motorische Kraft des Lebens« aus.[15] Es ist an dieser Stelle unmöglich, alle oft widersprüchlichsten Bekundungen von Meinungen zu diesem Gebiet des Essays und zu der Diskussion um ihn anzuführen, verwiesen sei auf die einschlägige Fachliteratur, die andererseits fast einstimmig seine Aktualität betont und das 20. Jahrhundert das Zeitalter des Essays zu nennen pflegt.[16] Das Gebiet dieser Gattung bleibt weiterhin die Kulturkritik im weitesten Sinne, wobei die Betonung heutzutage mehr auf dem Wort »Kritik« zu liegen scheint. Manche Forscher beklagen den Verlust der Serenitas, der Gesellschaftlichkeit, des Spieltriebes der modernen Essays, an ihre Stelle seien Pathos, Engagement und Intoleranz getreten.[17] Man spricht sogar von der Inflation dieser Gattung, diese Form sei am Verschwinden, sie werde durch die unbestimmte »essayistische« Strukturierung der Texte ersetzt. Max Bense erblickt dagegen in ihr die Form unseres Geistes schlechthin, sie sei ethisch und existenziell

---

[15] Lukács, a.a.O., S. 54.

[16] So behauptet z.B. der polnische Literaturkritiker Cezary Rowiński in seinem Artikel: Esej i światopogląd (Der Essay und/als Weltanschauung). In: Literatura vom 24.4.1980, S. 4.

[17] So z.B. Dieter Bachmann, a.a.O., S. 10 u.ö..

zugleich, eine Art experimenteller Literatur, mit der experimentellen Physik zu vergleichen.[18] Das »Leben« sei das oft ungewollt gesuchte Ziel eines Essayisten, denn »nach der Wahrheit strebt der Essay: doch wie Saul, der da ausging, die Eselinnen seines Vaters zu suchen und ein Königreich fand, so wird der Essayist [. . .] am Ende seines Weges das nicht gesuchte Ziel erreichen, das Leben«.[19]

In der folgenden Studie wäre zu beweisen, inwiefern diese Art von Denken, das man »essayistisch« nennt, bei Ingeborg Bachmann zu finden ist, ob sie bewußt »Essays« geschrieben hat, ob sie zu der reichen Tradition des Essayismus gehört, der für so viele Autoren unseres Kulturkreises wichtig und relevant erscheint, ihnen so reichhaltige Erkenntnismöglichkeiten bietet. Zuerst soll hier der Bestand der Bachmannschen Essayistik teils chronologisch aufgezählt, teils der Versuch des »botanisch-zoologischen« Sichtens und Ordnens unternommen werden, um dann anhand der festgestellten Ordnung und Entwicklung im Essaywerk Bachmanns sich besser den Themen- und Problemkreisen des letzten Kapitels zuwenden zu können. Aus dieser Übersicht sollte auch deutlich werden, was vorhanden ist, und die Funktion, die Rolle der Essays für Bachmann, auch, was die Position ihrer Essayistik innerhalb ihres Schaffens anbetrifft, veranschaulicht werden. Im letzten Kapitel, in dem der Proust-Essay Bachmanns mit den Proust-Essays Walter Benjamins und Ernst Robert Curtius' verglichen wird, wird an dem konkreten Beispiel gezeigt, welche Gesichtspunkte des Denkens bei der Autorin im Hinblick auf Motive, Themen und Fragestellungen zu unterscheiden wären. Auf diese Weise wird es möglich, die Ebenen der Thematik, die Art ihres Schreibens, die Schaltstellen ihres Denkens in den Essays aufzuzeigen. Gestreift wird auch die Problematik der sogenannten »Lebenskritik«, die in der Essayistik und in der literarischen Kritik des 20. Jahrhunders eine so große Rolle gespielt hat. Eine streng stilistische Analyse der Essays Bachmanns wurde nicht unternommen, weil es den Rahmen der folgenden Studie überschreiten würde.

Zum Schluß dieser Einleitung, die keine Ansprüche auf erschöpfende Darstellung der unüberschaubaren Geschichte und Wirkungsgeschichte des Essays erheben kann, sollen als Entschuldigung zwei

---

[18] Vgl. Max Bense a.a.O. S. 66f.
[19] Lukács a.a.O. S. 46.

Sätze Montaignes zitiert werden, die die Situation eines Essayisten und vielleicht eines Literaturforschers zutreffend charakterisieren: »Wenn meine Seele Fuß fassen könnte, dann würde ich mich nicht bloß ausprobieren, ich würde zu festen Schlüssen kommen; aber sie ist ja immer in der Lehre und Probe«.[20]

[20] Übersetzt von Hugo Friedrich. In: ders.: Montaigne. Bern: Francke 1949, S. 421. (III, 2, p. 779b; 21: »Si mon ame pouvoit prendre pied, je ne m'essaierois pas, je me resoudrois: elle est toujours en apprentissage et en espreuve.«).

I. Der Bestand des essayistischen Werkes von Ingeborg Bachmann

1. Die dialektische Spannung: Kunst und Wissenschaft. »Die kritische Aufnahme der Existenzialphilosophie Martin Heideggers« – die Dissertation Ingeborg Bachmanns und ihre Auswirkung auf die Essayistik der Autorin

Die Doktorarbeit Ingeborg Bachmanns soll den Ausgangspunkt dieser Analyse bilden. Ihre Dissertation reichte Bachmann im Herbst 1949 zur Erlangung eines Doktorgrades an der Philosophischen Fakultät der Universität Wien ein. Ihr Doktorvater war Prof. Dr. Victor Kraft – sie promovierte unter der Obhut dieses Überlebenden des Wiener Kreises und bei dem Bühler-Nachfolger Hubert Rohracher.[1] Ursprünglich wollte die Dichterin bei Alois Dempf über den »Typus des Heiligen« promovieren und gab diesen Plan wegen der Berufung Dempfs nach München auf.[2]

Verschollen sind leider die durch die Briefunterlagen dokumentierten späteren Radio-Essays »Logik als Mystik« (1953), »Utopie contra Ideologie« (1956) und »Freud als Schriftsteller« (1963) (vgl. W IV/406f.), die sicherlich mehr Licht auf das Gebiet der vielfältigen Interessen Bachmanns werfen könnten, das man »mystisch« und »psychoanalytisch« nennen könnte. Von ihrem produktiven Interesse, von ihrer Faszination für die Gestalten der mystischen Grenzgänger zeugen aber u. a. der Simone-Weil-Essay, der später erörtert wird, und der »Monolog des Fürsten Myschkin zu der Balletpantomime ›Der Idiot‹« (W I/62-79) mit der Musik von Hans

---

[1] Michael Benedikt: Die Aporie des Paralogismus der Ersten Person und dessen poetische Destruktion bei Ingeborg Bachmann. Vortrag, gehalten während der Ingeborg-Bachmann-Tagung in Rom, Oktober 1983, Typoskript, S. 2.

[2] Zitiert nach Robert Pichl: Dr. phil. Ingeborg Bachmann. Prolegomena zur kritischen Edition einer Doktorarbeit. In: Jahrbuch der Grillparzer-Gesellschaft. 3. Folge, Bd. 16 (1984/85/86), S. 172. Er beruft sich auf eine Mitteilung von Prof. Dr. Michael Benedikt (Wien), dem Studienkollegen der Dichterin.

Werner Henze, dessen Uraufführung 1952 in Berlin stattfand. Fürst Myschkin verkörpert in dem Roman Dostojewskijs den Typus des »Heiligen Narren«, der an der verkehrten Ordnung der Welt zugrunde geht und im Wahnsinn die Rettung vor dem Bösen findet.

Indessen geriet Ingeborg Bachmann durch ihre Promotion bei Prof. Kraft in den Einflußbereich des Logischen Positivismus und wurde auf diesem Wege mit der Philosophie Ludwig Wittgensteins bekannt. Wie die Autorin einmal feststellte, »hatten die Doktoranden damals Glück gehabt, ihre Dissertationen konnten nicht veröffentlicht werden«.[3] Das mutet freilich paradox an, doch ist die Begründung einleuchtend. »Mit dem, was in der Arbeit steht«, sagte Bachmann, »bin ich im großen und ganzen noch d'accord, aber die erbarmungswürdige akademische Diktion rufe ich mir nicht gern in Erinnerung. Es ist gut, daß die Wiener Nationalbibliothek mit dem einzigen deponierten Exemplar geizt, wie die Gruftwächter mit der Kaiserkrone«.[4] Sie konnte damals nicht ahnen, daß ihre Doktorarbeit Jahre später doch veröffentlicht würde und zur »Nahrung« für Germanisten und alle interessierten Leser vorbestimmt sei.[5] Auch die Dissertation von Robert Musil, »Beitrag zur Beurteilung der Lehren Machs« (1908), wurde 1980 in einer Faksimile-Ausgabe veröffentlicht;[6] der Ingenieur Musil unterzog sich damals auch der »erbarmungswürdigen, akademischen Diktion«; im Unterschied zu Egon Friedell, dessen Dissertation »Novalis als Philosoph« (1904) wegen des unakademischen Stils im Wiener Universitätskatalog als »unbrauchbar« bezeichnet wurde, oder zu den mißglückten abgelehnten Habilitationsschriften der Essayisten Hugo von Hofmannsthal und Walter Benjamin,[7] konnten Robert Musil und vier Jahrzehnte später Ingeborg Bachmann ihre Doktortitel erwerben.

---

[3] Das Interview mit Kuno Raeber vom 28. Juni 1962 (NN 3573-3575). In leicht veränderter Fassung in GuI, S. 42f.

[4] ebd., S. 43.

[5] Ingeborg Bachmann: Die kritische Aufnahme der Existenzialphilosophie Martin Heideggers (Diss. Wien 1949.). Aufgrund eines Textvergleichs mit dem literarischen Nachlaß hrsg. v. Robert Pichl. München, Zürich: Piper 1985.

[6] Robert Musil: Beitrag zur Beurteilung der Lehren Machs und Studien zur Technik und Psychotechnik. Hrsg. v. Adolf Frisé. Reinbek bei Hamburg: Rowohlt 1980.

[7] Vgl. Friedell-Brevier. Aus Schriften und Nachlaß ausgew. v. Walther Schneider. Wien: Erwin Müller Verlag 1947, S. 219; Deutsche Essays, Bd. I, S. 18, und Dieter Bachmann; Essay und Essayismus, S. 109.

Man könnte hier einwenden, daß eine Dissertation, also eine rein wissenschaftliche Abhandlung, nichts Gemeinsames mit einer Kunstform, wie dem Essay, habe, daher könnte als unsinnig und unlogisch erscheinen, sie zum Ausgangspunkt dieser Untersuchung zu wählen. Bruno Berger schreibt in seinem Buch über den Essay, daß es verhältnismäsig einfach sei, festzustellen, was kein Essay sei, wenn man an die »rein wissenschaftlich sich gebenden Darstellungen in kürzerer Form, die einfach Abhandlung genannt werden«, denke. »Man stellt (leider) nur wissenschaftliche Ansprüche an sie. [. . .] Ähnlich steht es um eine wissenschaftliche Arbeit, mit welcher ein wissenschaftlicher Anfänger seine Befähigung zur gelehrten Arbeit und seine Beherrschung des Handwerks nachweisen soll. Da es eine Prüfungsarbeit ist, bestimmen nicht das Thema in erster Linie, sondern die Forderungen des Bildungsnachweises Form und Umfang dieser Dissertation genannten Fachschrift. Weil sie eine wissenschaftliche Fingerübung und methodisch einwandfrei sein soll, ist ihre Lektüre meist eine Qual«.[8] Im Falle der Bachmannschen Dissertation über Heidegger müßte man untersuchen, ob die »erbarmungswürdige« akademische Diktion dieser Fingerübung die ganze Abhandlung sowohl hinsichtlich ihrer Form, als auch ihres Inhaltes, determiniere und als literarische Aussage abwerte. Man könnte behaupten, daß die Dissertation Bachmanns nichts mit ihren späteren Schriften zu tun habe. Die Autorin verfährt in ihr streng »wissenschaftlich«: sie untersucht die »Position der Kritiker« der Heideggerschen Philosophie, angefangen mit der Philosophie der Materie (Logischer Positivismus und Historischer Materialismus), berücksichtigt weiterhin Philosophie der Idee (Neukantianismus der Marburger und Badischen Schule, den aktualen Idealismus und andere idealistische Standpunkte), Philosophie des Lebens (Diltheyschule), Philosophie der Existenz (Dialektische Theologie) und analysiert schließlich im letzten Kapitel die Philosophie des Seins (Deutsche Ontologen, Metaphysiker und den Neuthomismus). Sie konzentrierte sich ausschließlich auf die deutschsprachigen Philosophen und philosophischen Schulen, die Heidegger ablehnten – diese Wahl könnte auf ihren dem Wiener Kreis verpflichteten Doktorvater zurückgehen. In ihrer Arbeit bemühte sich Bachmann, möglichst objektiv und sachlich verschiedene Standpunkte zum Werk Heideg-

---

[8] Bruno Berger a.a.O. S. 30.

gers erschöpfend darzustellen, es muß im Jahre 1949 nicht leicht gewesen sein, wenn man die Schwierigkeiten mit der Beschaffung der Fachliteratur, einige Jahre nach dem Kriege, berücksichtigt. 1973 erinnerte sich Bachmann daran, daß sie mit ihrer Doktorarbeit Heidegger habe stürzen wollen, sie fügte aber hinzu, daß sich diese Philosophie sowohl ihrer Kritik als auch allen anderen Heideggergegnern völlig »entziehe« (GuI 137). Weil sie aber die Rektoratsrede Heideggers kenne und außerdem meine, daß in seinen Philosophemen »eine Verführung [. . .] zum deutschen Irrationaldenken« vorliege (ebd. 137), lehne sie es ab, zusammen mit Paul Celan zum siebzigsten Geburtstag des Philosophen auf dessen Wunsch hin ihm ein Gedicht zu widmen. Bachmann fügte hinzu, daß Heidegger ihre Dissertation gekannt habe, er sei »einer der wenigen Menschen, die sie kennen« (GuI 137). Der schon zitierte Michael Benedikt widmet in seinem Aufsatz über Bachmann einige Sätze ihrer Dissertation. Dieser Philosophieprofessor und Studienkollege Bachmanns findet, daß »ihre kritisch-distanzierte Dissertation eine indirekte, fast genial ausweichende Auseinandersetzung [. . .] mit Heidegger« sei. »Allerdings ist es Ingeborg Bachmann nicht gelungen, topologisch eindeutig den Platz der Aufklärung der in Heideggers Daseinsanalytik implizierten Aufschlüsselung der Anonymität zwischen dialogischer und gesellschaftlicher Artikulation unserer Bedürfnisse als teils fundamental-philosophisches, teils kulturästhetisches oder im Sinne Bourdieus: politologisches Problem begreiflich zu machen«.[9]

Ihre Maßstäbe seien mit Heideggers Philosophie inkommensurabel.[10] Auch Friedrich Wallner vertritt die Ansicht, daß die Bachmannsche Doktorarbeit weder über noch gegen Heidegger geschrieben sei, aus der Arbeit ergebe sich z. B., daß Bachmann kein Werk Heideggers zur Gänze im Original gelesen habe.[11] Wallner behauptet weiters, Bachmann habe auch später, z. B. in ihren Frankfurter Vorlesungen, philosophische Termini frei verwendet, so z. B. den Terminus »Scheinfragen«, ihre Einordnung von Heideggers Philosophemen in die »Metaphysik« sei ebenfalls undifferenziert, weil dieser »Metaphysik« nicht als »erste Wissenschaft« verstanden ha-

---

[9] Benedikt a.a.O. S. 2f.

[10] Benedikt a.a.O. S. 2.

[11] Friedrich Wallner: Jenseits von wissenschaftlicher Philosophie und Metaphysik. Nachwort zur Dissertation von Ingeborg Bachmann. In: Ingeborg Bachmann: Die kritische Aufnahme. . ., a.a.O., S. 178.

be.[12] Die Dichterin, obwohl sie promovierte Philosophin gewesen sei, habe sich von allen philosophischen Autoritäten emanzipiert. Sowohl Benedikt als auch Wallner sprechen Bachmann eine ungewöhnliche philosophische Begabung nicht ganz ab, allerdings habe sie »die alles gefährdende Zone, den Nullmeridian von Denken und Dichten« zu überschreiten versucht[13] und Philosophie durch Dichtung ersetzen wollen.[14]

Diese Feststellung könnte gerade zum Ansatzpunkt dieses Kapitels werden, denn im essayistischen Denken, das der Kunst verwandt ist, kommt es zu diesem unscharfen, dialektischen Übergang von dem rein wissenschaftlich, auch philosophisch strengen zum dichterischen, bildhaften Denken.

Die Dissertation von Ingeborg Bachmann beginnt mit der Kritik Rudolf Carnaps und damit des Logischen Positivismus an der Heideggerschen Metaphysik überhaupt (die Gliederung der Positionen einzelner philosophischen Schulen hatte Bachmann aus J. M. Bocheńskis »Europäische Philosophie der Gegenwart« übernommen) (KA 15). Sie referiert die Meinung Carnaps anhand von Zitaten aus seiner »Überwindung der Metaphysik durch logische Analyse der Sprache«, wo er Heideggers Sätze aus dessen Antrittsvorlesung »Was ist Metaphysik?« zerlegt und als Scheinsätze klassischer Art, die gegen die logische Syntax der Sprache verstossen, klassifiziert (KA 16-30). Leszek Kolakowski behauptet in seinem Buch »Die Philosophie des Positivismus«, daß der Satz Heideggers »Das Nichts nichtet«, den Carnap allseitig analysierte und als Musterbeispiel eines metaphysisch-sinnlosen Scheinsatzes bloßgestellt hatte, der einzige sei, den die Mehrheit der modernen Positivisten aus der Existenzialphilosophie kenne. Die Positivisten sollen sich durch eine hohe logische und eine überaus niedrige historische Kultur ausgezeichnet haben, was mit dem Ignorieren der Ergebnisse der bisherigen philosophischen Arbeit zusammenhänge.[15] »(Eine ganze Wolke von Philosophie kondensiert zu einem Tröpfchen Sprachlehre.)« (PhU 565) - dieser Satz Wittgensteins wurde für viele Neopositivisten verbindlich.

---

[12] ebd. S. 180 und 190.

[13] Benedikt a.a.O. S. 3

[14] Wallner a.a.O. S. 190.

[15] Leszek Kolakowski: Die Philosophie des Positivismus. München: Piper 1971, S. 206 und 211.

»Gegner der Metaphysik hat es immer gegeben« stellte Bachmann fest - es habe ihnen aber eine zureichende Methode gefehlt, um diese Philosophie zu überwinden. Kant habe z. B. geglaubt, daß sie (die Metaphysik) in der Fragestellung die Grenzen der menschlichen Erkenntnis überschreite; nach der Auffassung des englischen Empirismus soll sie der Erfahrungserkenntnis widersprechen. In dieser klassischen Philosophie habe man mit der Sprache, die grundsätzlich Wünsche und Gefühle zum Ausdruck bringe, zu tun (KA 16). »Die Probleme, die für sie bestehen, seien wahrscheinlich Ausdruck von Gefühlen, aber sie besagen nichts, weder das Realismus-Problem, noch das der Existenz Gottes, das des Geistes. . .« (KA 16). Eine Metaphysik könne daher nur »ein unzulänglicher Ersatz für Kunst« sein und befinde sich »in einer Selbsttäuschung« (KA 24). Auch die Möglichkeit, »Metaphysik als Ausdruck eines Lebensgefühles gelten zu lassen«, habe Carnap abgelehnt, weil diese Ansprüche als eine wissenschaftliche Theorie erhebe, die über die endgültige Wahrheit oder Falschheit einer Aussage entscheiden will; in der Kunst, die sich mit diesen »existenziellen« Problemen schon immer befaßt habe, habe man nie versucht, die Meinungen eines anderen zu widerlegen. Die Philosophen sollten daher nur die logische Analyse der Erfahrungssätze der Realwissenschaften als ihre einzige Beschäftigung ansehen, weil alle metaphysischen Sätze als Tautologien (Wittgenstein) oder analytischen Sätze (Kant) im strengen Sinne eben keinen Sinn aufweisen könnten (KA 23).

Interessant scheinen in diesem Kontext die Aussagen Rudolf Carnaps in seiner »Intellectual Autobiography«[16] zu sein, die die Thesen von Ingeborg Bachmann besser illustrieren können. Sein Weg zu Neopositivismus führt Carnap über verschiedene Zwischenstationen, angefangen mit dem Physik- und Mathematikstudium: »Among the empirical sciences physics was for me the most attractive. I was impressed by the fact that it is possible to state laws [. . .] by which events can be generally described and thus explained, and future events predicted«.[17] Seine Kritik an der Metaphysik, die später nach der Begegnung mit den Philosophen des Wiener Kreises und Ludwig Wittgenstein, den er sehr eindringlich analysierte, sich

---

[16] Rudolf Carnap: Intellectual Autobiography. In: The Philosophy of Rudolf Carnap. Ed. by Arthur Schilpp. La Salle, Ill., London 1963. (= The Library of Living Philosophers. Vol. XI.).

[17] ebd. S. 6.

festigte, hat früh angesetzt: »During my pre-university years I had [. . .] begun to doubt the religions doctrines about the world, man, and God«.[18] Die Weltanschauung Rudolf Carnaps war dem Pantheismus Spinozas und Goethes ähnlich (»This conception hat certain Spinozist features which came to me less from the work of Spinoza himself than from those of men like Goethe, whose work, personality and Lebensweisheit - wisdom of life - I esteemed very highly«.[19] Den Ursprung von Magie (als Theorie), Mythos (einschließlich der Theologie) und Metaphysik hat Carnap in seinem Buch »Scheinprobleme in der Philosophie« als ein Phänomen von kulturgeschichtlicher Bedeutung, aus der Verwechslung der sogenannten Gegenstandsvorstellungen mit den Sachverhaltsvorstellungen entstanden, charakterisiert: aus dieser Verwechslung entspringe der Versuch, begleitende Gegenstandsvorstellungen durch (Schein)-Aussagen zum Ausdruck zu bringen.[20]

Für Ingeborg Bachmann sind die Anschauungen Carnaps von großer Bedeutung. Aus diesem Grunde wird hier das Kapitel ihrer Dissertation, das sie der Kritik des Neopositivismus an Heidegger widmete, ausführlicher analysiert, obwohl die Philosophie der Neopositivisten mit den Ansichten Ludwig Wittgensteins nur teilweise im Einklang steht. Den »Einfluß« Wittgensteins auf Bachmann betrachtet man andererseits als eine Selbstverständlichkeit, dabei wurde häufig übersehen, daß seine Philosophie die Schule des Wiener Neopositivismus inspirierte, aber nie mit ihr identisch war. Bachmann hat ihrerseits auch keineswegs die Philosophie Wittgensteins mit der des Wiener Kreises identifiziert. Was Rudolf Carnap anbetrifft, so schrieb er selbst in seiner Autobiographie über die Begegnung mit Ludwig Wittgenstein und über die Meinungsunterschiede zwischen ihnen, die sofort entstanden sind (überhaupt zwischen den Mitgliedern des Wiener Kreises und dem Philosophen). Diese Differenzen treten deutlicher hervor, wenn man die Schilderung Wittgensteins im Buch von Carnap liest - es kam bald zur Trennung. Rudolf Carnap war v. a. von Russell und Frege beeinflußt - alles

---

[18] ebd. S. 7.

[19] ebd. S. 7.

[20] Rudolf Carnap: Scheinprobleme in der Philosophie. Das Fremdpsychische und der Realismusstreit. Hrsg. v. Hans Blumenberg, Jürgen Habermas, Dieter Henrich und Jakob Taubes. Frankfurt a. M.: Suhrkamp 1966 (Theorie I.), S. 64ff.,bes. S. 73.

Mystische des »Tractatus logico-philosophicus« lag ihm fern. Wittgenstein war nach Carnap: »hypersensitiv and easily irritated [...]. His point of view and his attitude toward people and problems, even theoretical problems, were much more similar to those of a creative artist than to those of a scientist; one must almost say ‚similar to those of a religious prophet or a seer. [...] When Schlick [...] made a critical remark about a metaphysical statement by a classical philosopher (I think it was Schopenhauer), Wittgenstein surprisingly turned against Schlick and defended the philosopher and his work«.[21] Carnap entdeckte in Wittgenstein: »A strong inner conflict between his emotional life and his intellectual thinking«.[22] Für Wittgenstein sollte es laut Carnap tragisch und schmerzhaft sein, daß »statements in the fields of religion and metaphysics did not [...] say anything [...]. But this result was extremely painful for him emotionally, as if he were compelled to admit a weakness in a beloved person«.[23] Nach der Trennung von Carnap soll Wittgenstein zu Schlick gesagt haben, daß er nur mit jemandem zu sprechen imstande wäre, der »seine Hand halte«, den er als Menschen akzeptiere. Diese Ambivalenz bei Wittgenstein in der Einschätzung der Metaphysik führte Carnap auf einen tiefen Widerspruch in seiner Persönlichkeit zurück.

Ähnliche innere Spannungen, die die Neopositivisten in Wittgenstein zu bemerken glaubten, kann man auch in der Haltung Ingeborg Bachmanns entdecken, die einerseits zwischen der (Heideggerschen) Metaphysik der Angst und der »logischen« Mystik Wittgensteins und Musils, andererseits der logistischen Analyse der Sprache geschwankt hatte. Sie interpretiert die »negative« Philosophie Wittgensteins in ihren beiden Essays, die um das Jahr 1953 entstanden sind, und wie hier später erklärt wird, fühlte sie sich von der mystischen Seite im Denken Wittgensteins besonders stark angezogen. Das Kapitel ihrer Dissertation, das der Kritik des Neopositivismus an Martin Heidegger gewidmet wurde, enthält schon die Thematik ihrer philosophischen Essays und anderer späteren Werke. Ernst Bloch, den Bachmann sehr schätzte, hat einmal von einem »Inzest des Denkens mit sich selbst«, das angeblich in der Logistik stattfindet, gesprochen – das ist vielleicht die zu emotional gefärbte, harte Kritik an der Schule des steril klaren, logischen Denkens.[24]

[21] Carnap: Intellectual Autobiography, a.a.O. S. 25ff.
[22] ebd. S. 27.
[23] Carnap, ebd.
[24] Zitiert nach Günther Patzig: Nachwort zu Carnap: Scheinprobleme, a.a.O. S. 131.

Manfred Jurgensen hat in seinem Buch über die »neue« Sprache Bachmanns am Beispiel ihrer Lyrik zu beweisen versucht, daß sie an dem widersprüchlichen Doppelbezug zu den Philosophen Wittgenstein und Heidegger festhalte, was zu einem tiefen inneren Konflikt und zur Abkehr von der Lyrik geführt habe.[25] In seiner »Einführung in die Metaphysik« schrieb Heidegger: »Im Wort, in der Sprache werden und sind erst Dinge. Deshalb bringt uns auch der Mißbrauch der Sprache in bloßem Gerede, in den Schlagworten und Phrasen um den echten Bezug zu den Dingen«.[26] Manche Bachmann-Forscher behaupten allerdings, daß das »Gerede« als einziges Element der Heideggerschen Philosophie bei Bachmann zu finden sei.[27] An dieser Stelle ist es unmöglich zu verifizieren, ob das Ziel der Philosophie Heideggers, das nach Jurgensen »das Hinausfragen über das Seiende« bildet, mit der »neuen« Sprache Bachmanns übereinstimmt. Was die Ursachen ihres »Versagens« und »Verstummens« als Lyrikerin betrifft, sollte man sie doch nicht ausschließlich auf die sprachliche immanente Bewußtseinskrise zurückführen. In ihrem Nachlaß befindet sich eine kleine Skizze »Ich werde nie mehr ein Gedicht schreiben« (NN 2355); in diesem Text erklärt Bachmann ihren Übergang zur Prosa als einen natürlichen Entwicklungs- und Reifeprozeß im Leben eines Schriftstellers (Dichters). Als Beispiel führt Bachmann Hugo von Hofmannsthal an, der sich nach Meinung mancher Kritiker wohl mit 25 oder mit 28 Jahren am besten hätte umbringen sollen, weil er im fortgeschrittenen Alter keine Gedichte mehr verfaßt habe. Für Bachmann ist das Prosaschreiben der Beweis der Reife eines Schriftstellers, man muß gelebt haben, viele Erfahrungen gesammelt haben, um eine gute Prosa schreiben zu können. Die These Jurgensens ist aus mehreren Gründen nicht haltbar: die neueren Untersuchungen zu Bachmanns Werk haben erwiesen, daß sie immer parallel zur Lyrik Prosa geschrieben habe, außerdem müsse ihr Wechsel zur Epik als eine bewußte, reife Entscheidung im Hinblick auf die Entwicklung ihres poetologischen Konzepts angesehen werden.[28]

---

[25] Manfred Jurgensen: Ingeborg Bachmann. Die neue Sprache. Bern: Lang 1981, S. 32.

[26] Marin Heidegger: Einführung in die Metaphysik. Tübingen: Niemeyer 1953, S. 11.

[27] So z.B. Kurt Bartsch, a.a.O.

[28] Vgl. Bartsch a.a.O., Hans Höller a.a.O., auch Christa Bürger: Ich und wir. Ingeborg Bachmanns Austritt aus der ästhetischen Moderne. In: Text + Kritik (1984), S. 7-27.

Die Kritik der Neopositivisten an der Metaphysik ist in der Entwicklung der Philosophie als eine geschichtlich bedingte und zeitlich begrenzte Phase der Reaktion gegen den Irrationalismus der Zwischenkriegsjahre in Deutschland anzusehen, der sich mit der nazistischen Ideologie im Einklang befand. In dieser kritischen, rationalistischen Phase wäre auch die Dissertation Bachmanns und ihre ganze spätere »philosophische Richtung« zu plazieren. Später gab es Differenzen auch unter den Anhängern des logischen Empirismus. Selbst die Sätze des späten Carnap scheinen ab und zu einen leicht metaphysischen Charakter aufzuweisen. Günter Patzig formulierte in seinem schon zitierten Nachwort zu den »Scheinproblemen in der Philosophie«, daß die These »so wenig Metaphysik wie möglich, aber auch nicht weniger als nötig« heutzutage fast von allen Philosophen geteilt werde. Die Schrift Carnaps sei nur ein historisches Dokument, »Momentaufnahme eines bedeutsamen Abschnitts der langen Kontroverse zwischen Positivismus und Metaphysik«.[29] Alle alten metaphysischen Probleme seien allmählich wieder entdeckt worden. Metaphysik sei nicht nur anzusehen als der Versuch unmusikalischer Menschen, ihr Lebensgefühl, wie es die Musiker vollendet tun, auszudrücken. Man könne nicht annehmen, daß alle Metaphysiker, bei Parmenides und Aristoteles angefangen, über Spinoza, Kant bis zu Heidegger, über keine Intelligenz verfügt hätten und es nicht bemerkt hätten, daß alles, was sie schrieben, einfach auf falsch verstandene Sprachformen zurückgehe.[30]

Die Frage nach der Möglichkeit einer Metaphysik wurde nicht gelöst - und sie bleibt auch offen in der Zukunft.

»Unfortunately, following Wittgenstein, we formulated our view in the Vienna Circle in the over simplified version of saying that certain metaphysical theses are ›meaningless‹. This formulation caused much unnecessary opposition, even among some of the philosophers who basically agreed with us«.[31] - So schrieb später Rudolf Carnap. Anläßlich eines Gesprächs, das Albert Einstein mit Carnap in Princeton führte, äußerte Einstein seine Bedenken über die Auffassung des Neopositivismus von der Realität der Außenwelt. Für

---

[29] Günther Patzig: Nachwort, a.a.O., S. 98.

[30] Rudolf Carnap: Überwindung der Metaphysik durch logische Analyse der Sprache. In: Erkenntnis, Bd. 2. Leipzig 1931: »Metaphysiker sind Musiker ohne musikalische Fähigkeit«, S. 240.

[31] Rudolf Carnap; Intellectual Biography, a.a.O., S. 45.

Einstein gab es keinen Unterschied zwischen dieser Philosophie und anderen klassischen Schulen, von denen sich der Neopositivismus so distanziert hatte.[32]

Zu den Anhängern der positivistischen Weltanschauung, die die Metaphysik verteidigt hatten, gehört auch Karl Popper - er hat zu beweisen versucht, daß es nicht so einfach sei, die Wissenschaft (science) und Metaphysik - also eine Nicht-Wissenschaft - zu unterscheiden; die vorhandenen Methoden ihrer Trennung seien alle unzureichend.[33] Popper meint sogar: »many superstitious beliefs, and many rule of thumb procedures [. . .] to be found in popular almanacs and dreams books, have had much more to do with observations and have no doubt often been based on something like induction. Astrologers, more especially, have always claimed that their ›science‹ was based upon a great wealth of inductive material«. Nach seiner Meinung hätten die modernen Theorien, z. B. Einsteins, den reinen spekulativen und abstrakten Charakter, dasselbe gelte für Newton; Bacon hege großes Mißtrauen der Kopernikanischen Theorie gegenüber, da sie »needlessly did violence to our senses«.[34] Wenn man diese Meinung in Betracht zieht, wird es verständlich, daß Ingeborg Bachmann in ihrer Dissertation den Stand der Dinge in der Philosophie nur bis zu jenem Zeitpunkt ihrer Entwicklung berücksichtigt hatte, in dem sich die Neopositivisten gegen den Schwulst der Sprache und die Scheinproblematik der deutschen »Metaphysik« gewendet hatten. Charakteristisch für den Konflikt Bachmanns zwischen der Bewunderung für die sachlichen, klaren Methoden der logistischen Schule und der Sprachphilosophie Wittgensteins, die ihrer eigenen künstlerischen Haltung den existenzialen Fragen gegenüber verwandt war, ist die Zusammenfassung ihrer Doktorarbeit, in der sie ganz zum Schluß die »erbarmungswürdige« akademische Diktion aufgibt und das Gedicht Baudelaires »Le Gouffre« anführt und damit die »arm« gewordene Philosophie, die nicht mehr die Dienerin der Theologie, sondern die der Naturwissenschaften ist, skeptisch beurteilt - denn nur in der Dichtung und in der bildenden Kunst z. B. erblickt sie die Möglichkeit, auf die wichtigsten Fragen Antworten zu geben. Ingeborg Bachmann reka-

[32] Ebd. S. 38.
[33] Karl R. Popper: The demarcation between science and metaphysics. In: The Philosophy of Rudolf Carnap, a.a.O., S. 183.
[34] Ebd. S. 186.

pituliert alle früher analysierten Standpunkte, die fast einstimmig Heidegger ablehnen und verwerfen, da seine Philosophie eine intellektuelle Erkenntnis entwertet und an Stelle des Verstandes ein »Erlebnis« , eine »Stimmung« (die »Angst«) einsetzt, um den Zugang zur Wirklichkeit zu bekommen (KA 127). Sie zitiert Arnold Gehlen und J. M. Bocheński, die die psychologischen und phänomenologischen Analysen Heideggers als »ästhetische Tatbestände« bezeichnen, »um die zwar der Künstler wisse, die aber keinesfalls Ontologie begründeten« (ebd. 128). Bocheński sehe in Heidegger die Ausweitung der künstlerischen Haltung auf den Bereich der Metaphysik. Bachmann fragt aber, an diese Erörterungen anschließend, ob heute »die Berechtigung einer zweiten Wissenschaft« gegeben sei, die die unaussprechbaren unfixierbaren Unmittelbarkeiten des emotional-aktualen Bereichs des Menschen zu erfassen imstande wäre, wie Heidegger dies annehme; ihr zufolge wird das Ergebnis »immer die gefährliche Halbrationalisierung einer Sphäre sein«, die nach Wittgenstein zum Unaussprechlichen gehört (ebd. 129). Der Mensch sei jedoch bemüht, die Grunderlebnisse zu artikulieren. Sie seien aber nicht rationalisierbar und solche Rationalisierungsversuche daher immer zum Scheitern verurteilt. Es bleibe deshalb nur beim Sprechen über Existenz, beim Gerede, z. B. über das Gerede selbst (ebd. 129). Indem man also die Unzulänglichkeit der Metaphysik als Theorie, die Antworten auf alle Existenzfragen anbietet, wahrnehme, habe man nur die Kunst, die mit »ihren vielfältigen Möglichkeiten in ungleich höherem Maße uns entgegenkommt«. Das Bild Goyas »Kronos verschlingt seine Kinder« vermittle uns besser das Gefühl des »nichtenden Nichts«, die Gewalt des Grauens und der mythischen Vernichtung, als die ganze Metaphysik. Im Sonett »Le Gouffre« erfahren wir »die Auseinandersetzung« mit der »Angst« und dem »Nichts«, die alle metaphysischen Formulierungen übersteige. Die Schlußzeilen dieses Gedichtes:

»Et mon esprit, toujours du vertige hanté,
Jalouse du néant l'insensibilité.
– Ah! ne jamais sortir des Nombres et des Êtres!«

drücken die Sehnsucht aus, sich mit den Dingen, die nur »zahlenmäßig« existieren, also nichts empfinden, zu identifizieren (KA 131). Diesen Schluß wiederholt Ingeborg Bachmann leicht abgewandelt in ihrem Wittgenstein-Essay. In ihrer Dissertation bemüht sich die Dichterin, Philosophie (im Sinne des Logischen Empirismus), die sie als die »strenge«, »exakte« Sprachkritik verstand, und Dichtung gegeneinander abzugrenzen, sie wollte die Existenz des Dichters, des Künstlers und der Kunst, als des Kulturbereichs, der das Unaussprechliche, das mystisch sich Zeigende ausdrücke, rechtfertigen. Wenn man aber ihre spätere Entwicklung berücksichtigt, läßt sich mit Bestimmtheit sagen, daß sie nur in der Kunst ein Medium des Ausdrucks sah, das den menschlichen Problemen gewachsen sei. Daher scheint es irrelevant zu sein, ob sie Wittgensteins Intentionen verstanden hat, »Philosophie zu dichten«,[35] es ging ihr wahrscheinlich nicht darum, sich um Begriffe zu streiten, und darin äußert sich auch ihre »essayistische« Haltung.

2. Grenzen der Welt und die Mystik des Herzens. Die philosophischen Essays: »Ludwig Wittgenstein - Zu einem Kapitel der jüngsten Philosophiegeschichte« (1953) und der Radio-Essay »Sagbares und Unsagbares - die Philosophie Ludwig Wittgensteins« (1953)

Es gibt zwei Essays Ingeborg Bachmanns, die Ludwig Wittgenstein zum Thema haben. Beide stammen aus der relativ frühen Periode ihres Schaffens, sie sind etwa 3-4 Jahre nach ihrer Promotion entstanden. Man findet in den beiden Essays Anklänge an ihre Dissertation. Über den Einfluß Wittgensteins auf Bachmann gibt es bereits eine so umfangreiche Sekundärliteratur, daß man im Zusammenhang damit von einem »Kapitel der jüngsten Bachmann-Forschungsgeschichte« sprechen könnte. Man darf wohl diesen Einfluß nicht überbewerten, wie auch die Autorin selbst in ihren Interviews mehrmals betonte (vgl. GuI 135ff). Fritz Mauthner, der Sprachphilosoph, dem Wittgenstein einiges verdankt haben mag, wehrte sich gegen die Vorwürfe der Unselbständigkeit im Denken:

> Man sagt von der neuen Wahrheit, wenn sie sich durchzusetzen beginnt, daß sie uralt sei. Und da alles Gescheite schon einmal gedacht worden ist, so ist dieses Vorgehen der Verkleinerungssucht niemals völlig falsch. [. . .] Der Verfasser des Werkes hat natürlicher- oder törichterweise sehr viel gelesen und gewissenhaft und freudig all die Stellen zitiert, an denen ältere Selbstdenker sich seinem neuen Gedanken nähern [. . .].[1]

[35] Siehe Friedrich Wallner, a.a.O., S.182.

Obwohl Bachmann nie an Ludwig Wittgenstein beim Schreiben ihrer Gedichte gedacht haben will (vgl. GuI 83), beeinflußte sie wohl die schicksalhafte Begegnung mit dessen Philosophie (persönlich konnte die Dichterin Wittgenstein nicht mehr kennenlernen)[2] äußerst produktiv und half ihr, das eigene Weltbild zu festigen. Zwei Essays aus dem Nachlaß, »Der Wiener Kreis. Logischer Positivismus - Philosophie als Wissenschaft« (NN 5274-5298), der als Rundfunk-Essay 1953 gesendet wurde, und der unvollständig erhaltene Radio-Essay »Philosophie der Gegenwart« (NN 831, 580-593), sind als Übergangsstadien zwischen ihrer Doktorarbeit und den Wittgenstein-Essays anzusehen. Sie wurden in der vierbändigen Werkausgabe nicht veröffentlicht, weil sie sich angeblich zu sehr an das Buch Victor Krafts[3] anlehnten (W IV/406). Sara Lennox untersuchte diese »unselbständigen« Texte, in denen die Schriftstellerin tatsächlich noch sehr im Banne des Wiener Kreises stand, und versuchte zu zeigen, daß Bachmann damals Wittgenstein nicht so stark von der Position des Neopositivismus zu unterscheiden wußte.[4] In dem ersten Essay »Ludwig Wittgenstein - Zu einem Kapitel der jüngsten Philosophiegeschichte«, der zugleich einiges über die Person und die Legende um Wittgenstein und die Geschichte der Rezeption seiner Werke aussagt, befaßt sich Ingeborg Bachmann vor allem mit der Problematik des »Tractatus logico-philosophicus«. Schon im Anfang ihres Essays deutet sie darauf hin, daß als das einzige logische Resultat des Denkens Wittgensteins sein Schweigen und sein zurückgezogenes Leben ihm sinnvoll erschienen sei (W IV/12), denn »der Versuch, die Philosophie schweigend zu vollziehen, ein absurder Versuch, wie es scheint, aber der einzig legitime für ihn, nachdem er alles Sagbare klar dargestellt hatte (wie er es von der Philosophie forderte), alles Denkbare, das das Undenkbare von innen begrenzt und so auf das Unsagbare deutet«, sei die Folge seines Denkens, seiner »konsequenten« Weltanschauung. Bachmann meint, daß eben »sein Scheitern an der positiven Bestimmung der

---

[1] Fritz Mauther: Sprache und Leben. Ausgwählte Texte aus dem philosophischen Werk. Hrsg. v. Gershon Weiler. Salzburg u. Wien: Residenz 1986, S. 48.

[2] Siehe Kurt Bartsch a.a.O. S. 178.

[3] Victor Kraft: Der Wiener Kreis. Der Ursprung des Neopositivismus. Ein Kapitel der jüngsten Philosophiegeschichte. Wien: Springer 1950.

[4] Sara Lennox: Bachmann and Wittgenstein. In: Modern Austrian Literature. Vol. 18. Nr. 3/4. (1985), S. 239-259.

Philosophie, die bei den anderen Neopositivisten zur fruchtbaren Ignoranz wird, ein erneutes, stets zu erneuerndes Mitdenken wert« sei (W IV/13f.). Sie interessierte sich nicht nur für den Philosophen, sondern auch für den »Grenzgänger« Wittgenstein, für den Menschen, der seine Philosophie gelebt hat. Anschließend erörtert sie den Ursprung, die Wurzeln der neopositivistischen Philosophie, die nach dem Impuls, der von dem »Tractatus. . .« ausging, immer weitere Kreise um sich zog. Diese Philosophie war für Bachmann als Reaktion gegen den depressiven Irrationalismus, der aus Deutschland kam, und gegen den österreichischen Klerikalismus konzipiert, wogegen sich Carnap und Schlick gewendet hatten. Nach der Ermordung Schlicks hat der Wiener Kreis den noch strengeren »physikalischen« Kurs eingeschlagen, was nur allzu verständlich war. Aus diesem Kontext sei die Absage Carnaps und Neuraths an Wittgensteins »Urerlebnisse« als klare Folge, als die allergische Reaktion auf diese antirationalistischen und antihumanistischen Tendenzen der Zeit zu begreifen (ebd. 15). Bachmann erörtert die Bedeutung des »Tractatus. . .«, in dem Wittgenstein klar dargestellt hatte, daß die Logik »gar nichts besagt«; sie scheint von dieser Erkenntnis erschüttert, ergriffen zu sein, die besagt, daß die Menschen über die Welt nur fragmentarisches Wissen als Ausdruck einzelner Tatsachen gewinnen können. Nach der darauffolgenden Analyse der Kritik Carnaps an den Heideggerschen Sätzen, die auch ihrer Dissertation entstammen, wendet sich die Autorin dem Kernproblem des »Tractatus logico-philosophicus« zu, also dem mystischen Teil der Wittgensteinschen Philosophie. Die Sätze der Metahysik kann man, wie Carnap es getan hatte, als Scheinsätze entlarven, denn »außerhalb der Logik ist alles Zufall« (Tlp 6.3, 78), doch sind nach Bachmann die Erklärungen, die die empirischen Wissenschaften geben, keine Deutungen. Der Sinn liege, und Bachmann folgt darin Wittgenstein, außerhalb der Welt. Die Philosophie habe sich demzufolge immer mit dem Unsagbaren beschäftigt, es sei jedoch nicht möglich, die logische Form selbst abzubilden, sie zeige sich nur. Hier liegt also die Beschränktheit der Logik: der Mensch steht immer diesseits der Grenzen, er ist »als metapysisches Subjekt nicht mehr Teil der Welt, sondern ›Grenze‹« (W IV/ 21). »Es ist uns nicht möglich, uns außerhalb der Welt aufzustellen und Sätze über die Sätze der Welt zu sagen« (ebd.). Der Mensch ist deswegen, wenn man es im Hinblick auf das spätere Schaffen von Ingeborg Bachmann so formulieren darf, in der Falle. Die Philosophie ist nicht imstande, auf die Fragen, die wir ihr stellen, zu antworten. »Mit der Frage nach dem ›Sinn von Sein‹ werden wir auf uns selbst verwiesen«. Wie in ihrer Doktorarbeit verweist Bachmann auf Baudelaire und sein Sonett »Le Gouffre«, der sich wie Pascal und Wittgenstein »in und mit seinem Abgrund« bewege (W IV/21). An dieser Stelle berührt sich Bachmanns Bemerkung mit einer Beobachtung Walter Benjamins, die den Gedichten Baudelaires galt. Benjamin fand, daß die besondere Schönheit Baudelairescher Gedichtanfänge in dem Auftauchen aus dem Abgrunde liege.[5] Die Philosophie dagegen, wie sie Ingeborg Bachmann verstand, kann unsere Lebensprobleme nicht lösen – sie hat uns nur »in der Leidenschaft nach der ganzen Wahrheit die dürre, formelhafte, ›ewige‹ Wahrheit der Logik anzubieten« (W IV/21). Das »drame cardinal« äußert sich demzufolge sowohl für Baudelaire als auch für Wittgenstein in dem Vers:

»Ah, jamais sortir des nombres et des êtres!«

Zum Schluß ihres Essays behauptet die Autorin, daß die Zeit Wittgensteins noch kommen werde, denn die Neopositivisten erschöpften sich schon längst in der Behandlung von Details. »Gott offenbart sich nicht in der Welt« (Tlp 6.432), sei der hoffnungsloseste Satz des Philosophen. Er sage uns, daß wir von der Wirklichkeit, deren verborgener Sinn uns am meisten angehe, kein Bild machen könnten – vielleicht hätten die Menschen mit ihrer Sprache »verspielt«, konkludiert die Dichterin, sie enthalte kein Wort, auf das es ankomme (W IV/23). Es ist folgerichtig, daß sich Bachmann auf die Suche nach diesem »Wort« begeben wird. Sie scheint in ihrem ersten Essay über Wittgenstein seine Gestalt und sein frühes Werk in ihrer Komplexität erfaßt zu haben; sie versuchte ihn mit Charles Baudelaire und mit Blaise Pascal zu vergleichen – man hat ihn schon oft mit verschiedenen großen Gestalten, mit Denkern, mit religiösen Propheten und Schriftstellern, u. a. mit Dostojewskij, Tolstoi, sogar mit Buddha verglichen. Wittgenstein fasziniert bis heute nicht nur akademische Philosophen, denn seine Philosophie und seine kompromißlose Suche nach dem Absoluten wurzelten in seiner Sensibilität, in seinem Verständnis für das Unglück und die Not

---

[5] Walter Benjamin: Zentralpark. In: Schriften. Bd. 1. Hrsg. v. Th. W. Adorno u.a. Frankfurt am Main: Suhrkamp 1955, S. 473.

der Menschen – er war ein Ethiker, wie auch Musil hätte formulieren können: »Wie kann ich Logiker sein, wenn ich noch nicht Mensch bin.«[6] In seinen »Tagebüchern«[7], die wohl später auch Ingeborg Bachmann bekannt gewesen sein dürften, gibt es eine Fülle von ethischen Bemerkungen über das Wesen des Glücks, über Gott und die verzweifelte Suche Wittgensteins nach dem Sinn des Lebens. Diese Aufzeichnungen sind in der Zeit des Ersten Weltkrieges entstanden, in der dürftigen und finsteren Zeit.[8]

Das Beispiel Wittgensteins, verbunden mit der Hoffnung, in der Kunst ausdrücken zu können, was sich in dem »szientifischen Netz« (Adorno) nicht einfangen lasse, muß eine starke Wirkung auf die Weltanschauung Bachmanns ausgeübt haben. Bei ihr kann man an keiner Stelle von selbstgenügsamer Sprachproblematik sprechen.

Der zweite Essay Bachmanns über Ludwig Wittgenstein: »Sagbares und Unsagbares – Die Philosophie Ludwig Wittgensteins« (1953), wurde 1954 vom Bayerischen Rundfunk gesendet. Dieser Radio-Essay wurde um die Gedanken aus den »Philosophischen Untersuchungen« erweitert. Bachmann befaßt sich in diesem Essay noch eingehender mit der Wittgensteinschen Mystik, also mit der Unmöglichkeit, das, was sich zeigt (der Sinn der Welt...), in Worte zu kleiden. Der Grund aller Scheinprobleme, die in der Philosophie behandelt wurden, liegt nach Bachmann darin, daß »wir einer Mystifikation unserer Sprache zum Opfer gefallen sind, ohne es zu merken«, unser Vertrauen ihr gegenüber sei zu groß. Der »Tractatus...« sei daher eine »juristische« Verhandlung über die Philosophie und unser philosophisches Reden (W IV/106). Die Grenze, die Grenzsituation, die sich für die Wissenschaft bei der Darstellung der Wirklichkeit ergibt, kann nicht mehr dargestellt werden, es zeigt sich in ihr »etwas, was für uns undenkbar ist – daher, weil es undenkbar ist, läßt sich darüber nicht sprechen« (W IV/109). Diese

---

6 Ludwig Wittgenstein: Briefe. Hrsg. v. B. F. McGuiness u. G. H. von Wright. Frankfurt a. Main: Suhrkamp 1980, S. 47 (Brief an Russell, Weihnachten 1913).

7 Wittgensteins »Tagebücher« sind bei Suhrkamp im Jahre 1960 erschienen.

8 So Wittgenstein in dem Vorwort zu den »Philosophischen Untersuchungen« (1945)(PhU 232), in dem er von der »Dürftigkeit« und »Finsternis« der Zeit, diesmal auf die Welt nach dem Zweiten Weltkrieg bezogen, schreibt.

Grenze des Denkbaren ist aber nicht mit der Grenze der Wirklichkeit zu identifizieren. Die Anschauung der Welt als Ganzes ist mystisch (vgl. Tlp 6.45). Jede Haltung, die nicht auf die logisch fundierte Erfassung von Tatsachen gerichtet ist, steht unter diesem mystischen Aspekt. Das, was Bachmann am meisten bei Wittgenstein fasziniert, ist seine Einstellung den »letzten« Fragen, den Lebensproblemen gegenüber. Der Wiener Kreis, die Wiener Positivisten haben dies als »sinnloses Gerede« ad acta gelegt. »Ob aber die Metaphysik unmöglich sei, wurde von den Neopositivisten nicht behauptet« (W IV/1110. Auf diese »letzten« Fragen kann man keine Antworten geben, keine sinnvollen Antworten - für viele haben aber diese »Scheinsätze« und »Scheinfragen« so großen Wert, weil sie sich mit den Problemen der Existenz Gottes und der Realität der Welt befassen. Das Lebensgefühl, mit dem sich früher Metaphysiker beschäftigt hätten, könne aber auch, laut Bachmann, vielleicht adäquater auf dem Weg künstlerischer Gestaltung seinen Ausdruck finden (W IV/112). Das Kunstwerk ist der Metaphysik überlegen, da es nicht argumentiert, es will keinen theoretischen Gehalt vortäuschen. Das »Systemfeindliche« der Kunst scheint Bachmann die ersehnte Freiheit des Ausdrucks zu ermöglichen, ohne Anspruch auf Unfehlbarkeit, aber auch ohne Einengung im Netz der Begriffe und Definitionen. »Wie die Welt ist, ist für das Höhere vollkommen gleichgültig. Nicht wie die Welt ist, ist das Mystische, sondern, daß sie ist« (Tlp 6.432 u. 6.41; W IV/113). Mit diesem Satz wird für Ingeborg Bachmann die eigentliche Problematik des Denkens Wittgensteins erreicht - er richtet sich gegen jegliche Art von Deutung der Welt. Das Unfaßliche, daß sie ist, ist für ihn das Mystische. Damit geraten nach der Auffassung Bachmanns sowohl Wittgenstein als auch Heidegger angesicht des Seins in die gefährliche Bahn der Sprachlosigkeit. Wittgenstein würde jedoch die Frage Heideggers: »Warum ist überhaupt Seiendes und nicht vielmehr nichts?« nie stellen, weil er verneint, daß »im Denken das Sein zur Sprache kommt« (W IV/114). Bachmann sieht die Trennungslinie sehr scharf; dort, wo Heidegger zu philosophieren beginnt, hört Wittgenstein damit auf. Die beiden Denker, die Bachmanns Weltanschauung und ihre ästhetische Haltung geprägt haben, bilden somit mit ihren Ansichten zwei getrennte Welten, die sich nicht in Einklang bringen lasssen. Die dialektische Spannung, die im Schaffen Bachmanns zu finden ist, läßt sich also in statu nascendi in dem

Wittgenstein-Essay beobachten. Sie schwankt immer an der Grenze zwischen der »negativen« Mystik Wittgensteins und der Metaphysik, wie sie z. B. Heidegger verstand. Eine Synthese dieser beiden Haltungen ist ihrer Meinung nach in der Kunst möglich, weil die Kunst keine Theorie und mit ihren Ausdrucksmitteln sogar das Widersprüchlichste zu versöhnen imstande sei. Die Gefahr, die dabei entstehen kann, liegt in dem möglichen Weg zur Sprachlosigkeit, zum Verzicht auf das literarische Sprechen, die in der Sprachskepsis wurzelt, in dem Pessimismus, Nihilismus Wittgensteins – in seiner Feststellung der »Wertlosigkeit«, Wertneutralität der sagbaren Welt. Bachmann fragt sich, ob man die Philosophie Wittgensteins als einen absoluten Nihilismus ansehen könne, weil die Sinngebung in den Sätzen zweiter Ordnung, wie es alle Metaphysiker versucht hätten, seinen Darstellungen nach, den Menschen unzugänglich bleibt. Sie antwortet darauf mit seinem Satz, wo er davon spricht, daß die Lösung des Rätsels des Lebens transzendent sei (W IV/119). Auch die Ethik war für Wittgenstein außerhalb von Zeit und Raum angesiedelt. Er meint, die sittliche Form gehöre nicht zu den Tatsachen der Welt, sie bilde eine Grenze der Welt. Somit kann man den Satz Hölderlins: »So wenig achten die Himmlischen uns«, und die Feststellung Wittgensteins: »Gott offenbart sich nicht in der Welt«, als verwandt ansehen, der »deus absconditus« gehört nicht zu den Tatsachen dieser Welt. Der ganze religiöse, emotionale Bereich läßt sich nur in den nicht verifizierbaren Sätzen, z. B. in der Dichtung ausdrücken. Diese Komponente des Denkens Wittgensteins, die für Bachmann so wesentlich wurde, verglich sie mit der Weltanschauung Pascals. Sowohl Pascal als auch der österreichische Philosoph besaßen den »esprit de la géométrie«, aber auch die »Mystik des Herzens«, den »esprit de finesse«, die Geistesform, die den ganzen Menschen in der mystischen Wirklichkeitserfassung begreift (W IV/117). Da er es nicht aussprechen konnte, mußte das Credo Wittgensteins, wie Bachmann vermutet, negativ bleiben (W IV/119). Durch die Ethik verlaufe bei ihm die Entgrenzung der Welt, auch Pascal spreche von dem »letzten Schritt der Vernunft«, von der Erkenntnis, »daß es eine Unendlichkeit von Dingen« gebe, die sie überstiegen (W IV/120). Das Schweigen Wittgensteins ist für Bachmann so positiv wie das Schweigen aller Mystiker; es gebe Mutmaßungen, vermerkt sie, daß er den Schritt zum christlichen Bekenntnis getan habe (W IV/121). Gegen Ende ihres Essays richtet Bachmann ihre Aufmerksamkeit auf die »Philosophischen Untersuchungen«, die für sie ein »sokratisches« Buch sind (ebd. 122), obwohl Wittgenstein mit seinem aphoristisch-essayistischen Denken als eher antisokratisch bezeichnet werden könnte[9] (auf seine brüchige, fragmentarische und nicht auf klare Definitionen zielende Denkweise hat er im Vorwort zu diesem Buch hingewiesen). Bachmann geht es wahrscheinlich um den sokratischen Drang zu der endgültigen Erkenntnis der Wahrheit, obwohl beide - Sokrates und Wittgenstein - verschiedene Methoden der Wahrheitssuche vertreten. Sie nannte Wittgenstein einen Therapeuten der Philosophie, er habe gezeigt, daß die Sprache ein Vehikel des Denkens sei (W IV/123), denn die philosophischen Probleme seien Krankheiten, die durch die falsche Verwendung der Sprache, die alles verhexe, entstanden seien. Die Beseitigung dieser falschen Philosophie habe sich Wittgenstein als Lebensaufgabe gestelllt. Wenn die Sprache gut funktioniere, verhalte sich die Philosophie ruhiger. Das Vacuum, der entleerte metaphysische Bereich, bleibt dann, so Bachmann, für alle Glaubensinhalte offen (W IV/125). Die Grenzen der Welt seien die Einbruchsstellen des sich Zeigenden, das auf unser Tun und Lassen wirkt (ebd. 126). Bachmann erblickt in Wittgenstein den Kulturkritiker, der den wichtigsten Konflikt des 20. Jahrhunderts, den Antagonismus zwischen Rationalismus und Irrationalismus, erkannt hat und Gott, wie Spinoza, von dem Makel der Anredbarkeit befreien wollte (ebd.). Es ist ihr gelungen, die Einheit des Wittgensteinschen Denkens zu zeigen, trotz der unterschiedlichen Sprachauffassung im »Tractatus. . .« und in den späteren Schriften. Im Vorwort zu den »Philosophischen Bemerkungen« wollte Wittgenstein den Geist seines Buches als einen anderen, nicht zu dem großen Strom der westlichen, europäischen und amerikanischen Zivilisation zugehörigen, ankündigen (PhB 7). Sein Fortschritt äußere sich in der Erfassung der Welt durch ihre »Peripherie«, in ihrer »Mannigfaltigkeit«, nicht in ihrem Zentrum, das man immer klar und durchsichtig zu erfassen gesucht habe (ebd.). Bachmann hat diesen wesentlichen Zug bei Wittgenstein erkannt: sein Unbehagen an der Kultur und an dem Fortschritt der westlichen Zivilisation überhaupt. Sie

[9] Vgl. Hermann Lübbe: Bewußtsein in Geschichten. Studien zur Phänomenologie der Subjektivität. Mach - Husserl - Schapp - Wittgenstein. Freiburg:Rombach 1972 (= rombach hochschul paperback band 37), S. 81ff.

meint, daß die »Philosophischen Untersuchungen« sich »im Kreise des ›Tractatus. . .‹« bewegten, sie erweiterten aber sein Gesichtsfeld nach allen Seiten hin (W IV/124). Die Mannigfaltigkeit der Sprache hat Wittgenstein mit einer alten Stadt verglichen; dieser Vergleich, der Bachmann sehr zu gefallen schien (vgl. GuI 16f.), trifft man aber auch bei Fritz Mauthner[10] und, auf die Psyche angewendet, bei Sigmund Freud.[11] Der »vor-strukturalistische« und die (negative) Dialektik der Aufklärung durchschauende Philosoph und das von »Wittgensteinismen« geprägte Werk Bachmanns werden wohl in der Zukunft produktiv die Bachmann-Forschung stimulieren können.

3. Das Unglück und die Gottesliebe. Der Weg Simone Weils

In dem Essay »Das Unglück und die Gottesliebe - Der Weg Simone Weils«, der ebenfalls ein Radio-Essay ist (1955), zeichnet Ingeborg Bachmann das Porträt dieser außergewöhnlichen Frau, die den Schritt, den Wittgenstein nicht getan hatte, als eine Notwendigkeit empfand. Bachmann versucht, die Schriften Simone Weils zu definieren, und stellt fest: »Diese zehn Hefte enthalten etwas schwer zu Definierendes, nämlich Sätze und Thesen, welche die sogenannten letzten Dinge betreffen. Da alles, was die ›letzten Dinge‹ betrifft, von der Art ist, daß es entweder dem Schweigen oder dem Bekenntnis überlassen ist, wird es nicht leicht, Simone Weils Thesen gerecht zu werden; sie leben aus der Vernunft und münden ins Bekenntnis [. . .]. Man kann aber wohl dem Weg zu diesem Bekenntnis nachgehen und die Einsichten, die sie dabei gewann, und die Irrtümer, denen sie verfiel, nach- und aufzeichnen« (W IV/129). Bachmann

---

[10] Fritz Mauthner, Sprache und Leben, a.a.O., S. 76: »Die Sprache ist geworden wie eine große Stadt. Kammer an Kammer, Straße an Straße, Viertel an Viertel, und das alles ist ineinander geschachtelt, miteinander verbunden, durcheinander geschmiert, durch Röhren und Gräben, und wenn man einen Botokuden davorstellt und ihm sagt, das sei ein Kunstwerk, so glaubt es der Esel und hat doch zu Hause die eigene Hütte, rund und frei«.

[11] Siehe Sigmund Freud: Das Unbehagen in der Kultur. In: ders.: Abriß der Psychoanalyse. Das Unbehagen in der Kultur. Frankfurt a. Main: Fischer 1972 u.ö.. (Bücher des Wissens 6043), S. 69f.

gibt die Hauptstationen des Lebens von Simone Weil wieder und meint, daß man »die Integrität ihres Lebens unangetastet lassen sollte« (W IV/132), wenn man über diese außergewöhnlich schöne menschliche Gestalt spricht. Das Denken Simone Weils scheint sie zu faszinieren. Der Nonkonformismus dieses »überspannten Menschen«, Drang nach der Freiheit und Bemühung, die Probleme auf dem Boden der Wirklichkeit zu lösen, übt auf sie eine tiefe Wirkung aus. Simone Weil dachte »redlich und vom Gegebenen aus«, indem sie sich dem Unglück der Menschen (der Arbeiter) so tief verhaftet fühlte (ebd. 135). Das Leitmotiv ihres Denkens ist dem Unglück entsprungen, dem Unglück der Arbeiter, das vor allem im sozialen und politischen Bereich besonders prekär ist. Das Elend macht die Menschen zu Sklaven. Das Unglück ist für Simone Weil ein Mysterium, die Versklavung der Arbeiter sieht sie auch als ihre Auszeichnung, denn wenn sie kein Ziel im Leben vor Augen haben, können sie ihre Blicke zum Himmel emporrichten. Ihr Ziel können sie aber auch in der Schönheit finden:

> Das ist Schönheit. Alles was schön ist, ist Objekt des Verlangens, aber man begehrt nicht, daß es anders sei [. . .] man begehrt es, wie es ist. . . [. . .]. Da das Volk gezwungen ist, sein Verlangen auf etwas zu richten, was es schon besitzt, ist die Schönheit für das Volk und das Volk für die Schönheit. . . Das Volk hat das Bedürfnis nach Poesie, wie es Bedürfnis nach Brot hat [. . .]. Es hat das Bedürfnis, daß die tägliche Substanz seines Lebens selbst Poesie sei. Eine solche Poesie kann nur eine Quelle haben. Die Quelle ist Gott (W IV/143).

Simone Weil ist, wie Bachmann schreibt, in jeder Hinsicht eine Einzelgängerin – ihr Interesse galt kaum der Literatur und Kunst des 20. Jahrhunderts (sie schätzte vielleicht Proust und Joseph Conrad), dafür studierte sie gründlich die griechische Literatur: »Ilias«, die Philosophen: Platon und die Pythagoreer, die »Upanishaden«, die Bhagavadgita« und Shakespeare, – alles, was sie nicht liebte, das Alte Testament, Aristoteles u. a., hat sie abgelehnt. In den Texten suchte sie »Offenbarungen«. Ihre Mystik war negativ, sie versuchte, ständig den Abstand zwischen sich und Gott zu vergrößern, es ermöglichte ihr, als »ausgelöschte und nackte Existenz die Gnade zu erfahren« (W IV/146f.). Ihr Schaffen muß man also als »vielschichtiges Werk zum Zeugnis reiner Mystik« anschauen (ebd. 147). Das Denken Weils war nicht systematisch, es war das »In-Beziehung-Setzen« (le rapport) der Vernunft und des abwesenden Gottes, sie selbst blieb »im Nullpunkt« stehen, denn die »göttliche Barmherzigkeit bestehe in der gänzlichen Abwesenheit der Barmherzigkeit Gottes auf Erden« (W IV/149). Simone Weil vermied es auch, sich einen Gott, der imaginär ist, zu schaffen - er wäre wieder »ein großes Tier«, das in Platons »Politeia« zu finden ist. Aus diesem Grunde wollte sie keine Konversion, da das Christentum »katholisch de jure und nicht de facto sei« (ebd. 151). Bachmann interessierte sich auch für die Darstellung der Gestalt Christi, die man bei Simone Weil finden kann.[1] Weil Christus tot und nackt nach »menschlichen Tröstungen« verlangte, kann er in seiner Gottesverlassenheit allen Menschen nahe stehen, denn für den gekreuzigten Christus ist der Gott abwesend. Bachmann sieht die Gestalt Simone Weils immer »auf der Schwelle« stehend, in ihrer unerschütterlichen Konsequenz habe sie die Beziehung zum Absoluten auch in der Zeit des Krieges, des entsetzlichen Sieges des Bösen, nie aufgegeben - die Liebe, die Nächstenliebe »in der schlechtesten aller möglichen Welten« war ihr möglich, »weil sie Gott darin in Abrede stellte« (W IV/153f.). Zum Schluß meint Bachmann, daß für die Anderen dieser Weg vielleicht verschlossen bleibt, es bleibt uns dafür »die Schönheit dieses Lebens, das unzerstörbare Gesicht des Menschen in einer Welt, die sich zu einer Zerstörung verschworen hat« (ebd. 155). Simone Weil hatte bis zu ihrem Tode »den Stempel der Sklaverei, das Schandmal«, welche sie seit der Arbeit in den Renault-Werken trug, in sich gefühlt: »Dort ist mir für immer der Stempel der Sklaverei aufgeprägt worden, gleich jenem Schandmal, das die Römer den verachtetsten ihrer Sklaven mit glühendem Eisen in die Stirn brannten. Seither habe ich mich immer als einen Sklaven betrachtet« (ebd.). Viele der Bachmannschen Figuren tragen dieses Schandmal, in der Welt, die sich nach den Sklaverei- und Schandgesetzen eingerichtet hat. Zweifellos konnte die Gestalt Simone Weils, der Grenzgängerin, der »potentiellen« Heiligen, Mathematikerin, Philosophin und Mystikerin zugleich, die Bachmann ein »absonderliches Geschöpf« nannte, ein starkes Identifikationsbedürfnis bei der Dichterin hervorrufen (vgl. W IV/128f.). Die Bachmann-Forschung hat erst vor kurzem diesen Essay entdeckt und dar-

---

[1] Vgl. Hermann Weber: An der Grenze der Sprache. Religiöse Dimension der Sprache und biblisch-christliche Metaphorik im Werk Ingeborg Bachmanns. Essen: Verl. Die Blaue Eule 1986 (= Germanistik in der Blauen Eule; Bd. 7) (zugleich theol. Diss. Tübingen 1986).

in den Ausdruck der Bachmannschen »Problemkonstante«, der Unzufriedenheit mit den geschichtlichen Verhältnissen der Nachkriegsjahre, und das Engagement für die Leidenden konstatiert.[2] Die Auswahl der von Bachmann in ihren Essays behandelten Themen und Gestalten war sicherlich nie zufällig. Sie interessierte sich immer für Menschen, die ihre Existenz, ihr Leben und ihre Werke nie als voneinander getrennt betrachteten. Simone Weil z. B. sah sich nie als Berufsschriftstellerin, sie schrieb um der »Übung« willen, um zu der extremen Erkenntnis ihrer selbst zu gelangen, um demütig zu wirken, was Bachmann in ihrem Essay betonte (W IV/130). Simone Weil war zu jedem Opfer für die Armen und Leidenden bereit, »sie war ein seltenes Beispiel von Menschlichkeit« (ebd. 132), konnte die realen Menschen, die Arbeiter für sich gewinnen, ohne abstrakte Utopien zu entwerfen, zugleich aber auch ohne ihre eigene Einsamkeit überwinden zu können. Sie wußte, daß die Welt, in der das »geistige Vacuum« und die Versklavung durch die Diktaturen ständig eine tödliche Gefahr bilden, »der genialen Heiligen« bedürfe, »wie eine Stadt, in der die Pest wütet, der Ärzte bedarf« (W IV/152). In dem Buch »Vorchristliche Schau« meint Simone Weil, daß unsere Intelligenz, die zu grob geworden sei, es nicht mehr begreifen könne, daß »eine harte Gewißheit über die unbegreiflichen Mysterien« möglich sei.[3] Sie glaubte, daß die reine Mathematik solche Vermittlung der Sinnenwelt, also der Tatsachen, mit dem Nichtbegreiflichen, dem Göttlichen, darstelle, eines der »Löcher« sei, »durch die Gottes Odem und Licht eindringen« könnten - die zwei anderen »Löcher« seien die Erforschung des Schönen in der Kunst und das Unglück.[4]

Auch sie war eine »Positivistin« und »Mystikerin«, die das scheinbar Unvereinbare zu vereinigen suchte und aus diesem Grunde Ingeborg Bachmann so stark beeindruckt hat.

---

[2] Regine K. Solibakke: »Leiderfahrung« und »homme traqué«. Zur Problemkonstante im Werk von Ingeborg Bachmann. In: Modern Austrian Literature. Vol. 18. Nr. 3/4 (1985), S. 1-19.

[3] Simone Weil: Vorchristliche Schau. München - Planegg: Barth 1959, S. 111f.

[4] ebd. S. 112.

4. Utopie der induktiven Gesinnung. Musil als Stratege des Geistes: die Robert-Musil-Essays

An die Thematik der Simone-Weil- und Wittgenstein-Essays knüpfen in bestimmtem Sinne zwei Texte an, die das Werk von Robert Musil erörtern. »Ins tausendjährige Reich« (1954) und der Radio-Essay »Der Mann ohne Eigenschaften« (entstanden nach 1952) gehören, wenn man den Titel von Ernst Blochs Arbeit paraphrasieren darf, »dem Geist der Utopie« zu, der im Werk Bachmanns allgegenwärtig zu sein scheint.[1] In einem Interview hat sie sich zu ihrem »Musil-Einfluß« geäußert:

> Es ist peinigend für einen Schriftsteller, über die Einflüsse zu sprechen. Aber es ist wahr, Musil war der erste Autor des 20. Jahrhunderts, den ich gelesen habe. Ich war damals 15 oder 16 Jahre alt, und das hat auf mich einen so ungeheuren Eindruck gemacht, das hat sich gehalten - und natürlich liest man 10 Jahre später ein Buch ganz anders [. . .]. Ein solches Buch kann man nicht zu Ende schreiben, wenn man zwei Wege geht und für ihn war es immer ein Doppelweg. Es sind zwei Kapazitäten, die einander stören, [. . .], durch die analytischen Denkprozesse und die gleichzeitige Fähigkeit, eine Gesellschaft, Personen darzustellen ist der Roman von Musil so eigenartig (NN 1593).[2]

Sie äußert auch, daß es sich bei ihr eher um Affinitäten und nicht um einen Einfluß handelt (GuI 125). Beide Essays haben den »Mann ohne Eigenschaften« zum Gegenstand. Robert Musil selbst gilt als Klassiker der essayistischen Haltung, weil er eben den Essayismus nicht nur als literarische Form, sondern auch als eine »Lebensform« beschrieben hat. Diese »beiden Kapazitäten« Musils, die Bachmann in ihrem Interview nannte, sein Hang zur strengen wissenschaftlichen Analyse, der in seiner mathematisch-physikalischen und philosophischen Ausbildung wurzelte, und seine künstlerische, erzählerische Begabung, mußten ihn geradezu prädestinieren, »der Utopie des Essayismus zu huldigen« (vgl. MoE I/247-257). Das Di-

---

[1] Die Bachmann-Forschung, vgl. z.B. Kurt Bartsch, a.a.O., S. 27ff., auch Theo Mechtenberg: Utopie als ästhetische Kategorie. Eine Untersuchung der Lyrik Ingeborg Bachmanns. Stuttgart: Heinz 1978 (= StAG. 47), hebt diesen Utopie-Komplex im Werk von Bachmann hervor; Bartsch weist allerdings auf die Unterschiede zwischen den Utopie-Konzeptionen bei Bachmann und Ernst Bloch hin - bei ihr handle sich um kein Utopie-Konzept mit der Verwirklichungsabsicht, es ist keine Gesellschafts-, Staatstheorie, eher eine richtungsweisende Utopie.

[2] In: GuI 124f. in leicht veränderter Fassung.

lemma Musils, »sein Grundthema«, lag »im Gegensatz zweier Lebenszustände und Verhaltensweisen«, die er vergeblich zu vereinigen versuchte. Nach dem von Wolfdietrich Rasch überlieferten Selbstzeugnis Musils zu seinem Roman[3] habe er unter dem Gegensatz dieser »Lebenszustände und Verhaltensweisen«, »deren eine Genauigkeit, Ratio« sei, die andere, »schwer zu bezeichnen«, »in der alten Mystik verwirklicht« sein soll, zu leiden gehabt:

> Ulrich, mit der Wissenschaft vertraut und nie ganz ihr zugehörig, werde die Gegenwelt in der Liebe zur Schwester erfahren. Aber der Gegensatz bleibe bestehen. Die Lösung würde darin liegen, beide Wege wahrhaft zu vereinigen - ›aber diese Lösung geht über die Fähigkeiten Ulrichs und somit über die seines Urhebers hinaus‹.[4]

Die Affinitäten, die geistige Verwandtschaft, die das Bachmannsche Weltbild mit dem Musils verbinden, scheinen also nicht zufällig zu sein, obwohl beide »zufällig« in Klagenfurt geboren wurden und der österreichischen literarischen Tradition entstammten. Robert Musil hat sich selber zu den »Ethikern« gerechnet; er schrieb darüber:

> (Ethiker)Namen: Kung-fu-tse, Lao-tse, Christus und Christentum, Nietzsche, die Mystiker, die Essayisten. (Stoa, Epikureismus). Sie sind typisch verschieden, nicht prinzipiell. Sie sind verwandt mit dem Dichter ... Ihr Beitrag zur Ethik betrifft nicht die Form, sondern das Material./ Sie haben neue ethische Erlebnisse./ Sie sind andere Menschen.[5]

Diese »Ethiker«, die von den »wirklichen« Menschen meistens für »Phantasten, Träumer, Schwächlinge und Besserwisser oder Krittler« (MoE I/16) gehalten werden, betrachteten die Wirklichkeit als »Aufgabe und Erfindung« (ebd.), wollten »die noch nicht erwachten Absichten Gottes« als realisierbar wissen, hätten durchschaut, daß die »Menschen mit Eigenschaften« die innere Dürre, Unruhe, Bosheit, Kälte und Gewalttätigkeit unserer Zeit verschuldet hätten (vgl. MoE I/40). In der Utopie des Essayismus sieht Musil eine Möglichkeit der Veränderung der Welt durch den Geist. Seine Devise lautet: »Wir irren vorwärts«.[6] Ulrich gibt sich der Utopie des

---

[3] Wolfdietrich Rasch: Erinnerung an Robert Musil. In: Robert Musil. Leben, Werk, Wirkung. Hrsg. v. Karl Dinklage. Reinbek bei Hamburg: Rowohlt 1960, S. 364-376.
[4] ebd. S. 374.
[5] Zitiert nach Dieter Bachmann, a.a.O., S. 160.
[6] Nach Dieter Bachmann a.a.O. S. 160.

Essayismus hin: in ihm »war später, bei gemehrtem geistigen Vermögen, daraus eine Vorstellung geworden, die er nun nicht mehr mit dem unsicheren Wort Hypothese, sondern aus bestimmten Gründen mit dem eigentümlichen Begriff eines Essays verband. [...] Der Wert einer Handlung oder einer Eigenschaft, ja sogar deren Wesen und Natur erschienen ihm abhängig von den Umständen, die sie umgaben, von den Zielen, denen sie dienten, mit einem Wort, von dem bald so, bald anders beschaffenen Ganzen, dem sie angehörten« (MoE I/250).

Bachmann befaßt sich mit Musil auch in ihrer fünften Frankfurter Vorlesung zur Poetik, deren Titel »Literatur als Utopie« sie einer Notiz Musils entnommen hatte. Für sie bedeutet diese Notiz viel – es ist ihr eigenes literarisches Programm, gestützt auf Fundamente der Wittgensteinschen (und Heideggerschen) Philosophie. Der Essay »Ins tausendjährige Reich« (1954) beginnt mit der skizzenhaften Charakterisierung der Person Musils, der sich in seinem »eigenschaftslosen« Helden, Ulrich, in den lebenstheoretischen und kritischen Äußerungen ausleben durfte. Zwei Aspekte beschäftigen Bachmann im Werk Musils: seine Auffassung der Moral und die Theorie der »taghellen« Mystik, des »anderen« Zustandes, der auch in jedem Fall der Liebe vorübergehend empfunden, erlebt wird: »Der Mann ohne Eigenschaften macht sich nicht auf schmerzliche Suche nach dem verlorenen Glauben und der verlorenen Moral, sondern experimentiert mutig [...] an der Entfesselung geistiger Atomenergie und macht Kräfte frei, die er und seine Zeit noch nicht nützen können« (W IV/25). Alle moralischen Werte und Normen sind nur Funktionsbegriffe, die Gebote der Moral widersprechen einander hoffnungslos – Musil exponiert damit das Konzept einer relativistischen Ethik, die alle Normen als relativ und vom gesellschaftlichen Kontext abhängig ansieht. Dieser experimentelle Weg im Denken Ulrichs trifft, wie Bachmann glaubt, mit dem Weg der Liebe zusammen. Die Liebe ist auch eine »Utopie, Verneinung, ein Ausnahmezustand und Anarchie«: solche ekstatischen Erlebnisse können zwar – wie der Glaube – nur eine Stunde dauern, aber sie führen in die absolute Freiheit (W IV/27). Die »unio mystica« des »anderen Zustandes« begreift Musil als die Idee vom tausendjährigen Reich – es ist eine mögliche Utopie als Richtung, die man einzuschlagen hat. Für die Praxis des Lebens gibt es nur die sogenannte Utopie der »induktiven Gesinnung« – die bleibende Botschaft des

Musilschen Werkes ist für Bachmann die Schaffung dieser offenen Ideologien, der Befreiung von Schablonen und Klischees im Denken und im Handeln. Wittgenstein hatte auch über sein Ziel geschrieben: »Was ist dein Ziel in der Philosophie? - Der Fliege den Ausweg aus dem Fliegenglas zeigen« (PhU 309, 378). Aus diesem Grunde konnte der »potentielle« Mensch, der bei Musil in Ulrich seine literarische Verkörperung fand, kein Philosoph werden, denn (nach der berühmten Formulierung Musils): »Philosophen sind Gewalttäter«, sie können über keine Armeen verfügen, die ihnen Machtpositionen verschaffen würden, dafür unterwerfen sie die Welt und sperren sie in ein System ein (MoE I/253). Wie die Geschichte gezeigt hat, verursachten aber oft Philosophen mit ihren Systemen und Ideologien Kriege, was Bachmann am Beispiel des »Glaubenskrieges« der fünfziger Jahre betonte (W IV/27). Den Namen »Essayismus« identifizierte Musil mit dem Bewußtseinszustand, der »gegen das logische Ordnen, gegen den eindeutigen Willen, gegen die bestimmt gerichteten Antriebe des Ehrgeizes« ausgerichtet ist (MoE I/253). Der Essay bedeutet in diesem Zusammenhang einen Versuch, nicht nur den »nebenläufigen« Ausdruck einer Überzeugung, sondern »die einmalige und unabänderliche Gestalt eines Menschen in einem entscheidenden Gedanken« (MoE I/253). Diese Äußerungen dürften für die Person und für das Werk Bachmanns verbindlich sein. In dem Radio-Essay über Musil erweitert die Autorin ihre Ausführung zur Theorie der Liebe um die Interpretation des Gedichtes »Isis und Osiris«, in dem er das göttliche Geschwisterpaar darstellt - bei ihm geraten auch Bruder und Schwester auf den Weg der »Gottergriffenen«. Bachmann variiert dieses Thema ihrerseits in dem Roman »Der Fall Franza«, auch das Hörspiel »Der gute Gott von Manhattan« ist als der Fall der »letzten« Liebesgeschichte aufzufassen.[7] Der Essay »Der Mann ohne Eigenschaften« ist früher entstanden, und der Text »Ins tausendjährige Reich« erscheint als eine kürzere Fassung des Radio-Essays. Bachmann bemüht sich um die nähere Betrachtung dessen, was Musil unter dem »Mangel an Eigenschaften« verstanden hat. Was Bachmann den »utopistischen« Hang bei Ulrich nennt, der »unter einer doppelten Kontrolle: der seines disziplinierten Denkens und der seiner Sensibilität, in den Dingen des Gefühls« steht (W IV/87), sei seine Ver-

---

[7] Vgl. Kurt Bartsch, a.a.O., S. 76ff., Hans Höller, a. a.O., S. 106-122.

wandtschaft mit den »schwierigen« Gestalten Hofmannsthals, auch die Schärfe des Sehens der Nestroyschen Figuren, die ständig zur (Selbst-)Kritik neigen (ebd. 88). In dieser (auch sprach-) kritischen österreichischen Tradition stand u. a. Ludwig Wittgenstein. Seinen »Philosophischen Untersuchungen« setzte er das Nestroy-Zitat voran: »Überhaupt hat der Fortschritt das an sich, daß er größer ausschaut, als er wirklich ist« (PhU 229). Diesen Satz von Nestroy führte auch Bachmann in dem Radio-Essay über Wittgenstein an (W IV/117). Dort und auch in dem Musil-Essay deuten ihre Erwähnungen Nestroys darauf hin, daß sie sich dieser skeptischen, »fortschrittsungläubigen« Weltanschauung bewußt verpflichtet fühlte. Sie läßt in ihrem Essay Figuren des Romans Revue passieren: sie zerlegt das »typisch Österreichische« dieses Werkes, das geistige Klima der sterbenden Monarchie, die der Zeitkrankheit verfallen ihre Heilung erst in den Greueln des Ersten Weltkrieges fand. »Einen Riesenschatten des Untergangs hat Musil über den ganzen Roman gelegt. [. . .] Aber die Monarchie wird von Musil ausdrücklich nur als ein besonders deutlicher Fall der modernen Welt bezeichnet, [. . .]. Sie steht mit ihrem inneren und äußeren Zusammenbruch, für das Schicksal der modernen Welt überhaupt« (W IV/94). Musils Werk ist als ein kühner geschichtsphilosophischer Versuch anzusehen, der mit erzählender Prosa wenig zu tun hat. Bachmann zitiert seinen Essay »Das hilflose Europa«, in dem er die Ursachen der europäischen Krise darin sieht, »daß wir nicht zuviel Verstand und zu wenig Seele haben, sondern zu wenig Verstand in den Fragen der Seele« (W IV/95). Die Figuren Bachmanns aus dem »Simultan«-Zyklus, auch der Roman »Malina« und die anderen Romane der »Todesarten« können ebenfalls auf ihre intensive Lektüre von Musils Schriften hindeuten, womit sich auch intensiv die Bachmann-Forschung befaßt.

5. Frankfurter Poetik-Vorlesungen: Probleme zeitgenössischer Dichtung

Die Frankfurter Poetik-Vorlesungen stellen in gewissem Sinne den Höhepunkt der essayistischen Schriften Bachmanns dar. Der Bachmann-Forschung zufolge habe die Schriftstellerin gegen Ende der fünfziger Jahre die nötige Reife erreicht, ihr poetologisches Konzept endgültig zu formulieren.[1] Die Poetik-Vorlesungen (1959/60) sind zweifellos als die Weiterführung und Erweiterung der Gedanken, die in den früheren Essays ausgedrückt wurden, zu betrachten. Thematisch hängen sie u. a. mit den Musil-Essays zusammen, bilden den »Gipfel« der Bachmannschen theoretischen Aufzeichnungen. In den darauffolgenden Jahren konzentrierte sich die Autorin auf die Verwirklichung ihrer poetologischen Ansichten, indem sie den großen Roman-Zyklus auszuführen begann. Hans Höller behauptet in seiner Bachmann-Monographie, daß bei Bachmann der poetologische Diskurs »tendenziell von Sprech- und Schreibhaltungen bestimmt« sei, »die aus ihrem literarischen Werk vertraut sind«.[2] Es gebe also bei ihr nie einen spezifisch theoretisch-begrifflichen Diskurs, es gehe ihr stets um die Fragen der menschlichen Wahrnehmung, des Kunstschaffens, der Erkenntnis von Wahrheit und Utopie, von Ich und Geschichte. Bei Bachmann habe man es mit einem Phänomen zu tun, das auf der Auflösung der Grenze zwischen dichtungstheoretischem und dichterischem Sprechen, zwischen Autor-Ich und fiktivem literarischen Ich beruhe. »Ungeschützt in allen Zweifeln und im Verzweifeln setzt sie sich dem Publikum aus, will sie wahrgenommen werden, um so die menschliche Wahrnehmungsfähigkeit zu ›erwecken‹«.[3] Die Poetik-Vorlesungen bilden einen Essay-Zyklus, der über verschiedene Aspekte der »schönen« Literatur meditiert, über ihre unausweichlichen Aufgaben und über ihren Platz in der modernen westlichen Gesellschaft, den sie für sich in Anspruch nehmen müßte, um nicht entbehrlich, um nicht zum Ornament zu werden, und wie Bachmann glaubt, vor allem um als Ausdruck der menschlichen Grundbefindlichkeiten wirksam zu sein. Den vom Neopositivismus geprägten Terminus »Scheinfragen« benutzt die Dichterin, um ihr eigenes Engagement für die echten, »zerstörerischen, furchtbaren« Fragen (W IV/184), die die prekär gewordene Lage der Literatur und der »Literaten« heutzutage entblößen, zu bezeugen.

---

[1] Siehe Kurt Bartsch a.a.O., Hans Höller a.a.O., auch Irmela von der Lühe: Ich ohne Gewähr: Ingeborg Bachmanns Frankfurter Vorlesungen zur Poetik. In: Entwürfe von Frauen in der Literatur des 20. Jahrhunderts. Hrsg. v. Irmela von der Lühe. Berlin: Argumente 1982 (= Literatur im historischen Prozeß. N. F. 5.), S. 106-131.

[2] Höller a.a.O. S. 144f.

[3] Höller a.a.O. S. 145.

In der ersten Vorlesung »Fragen und Scheinfragen« versucht sie zuerst, ihre eigene Position gegenüber den verschiedenen »kritischen« Schulen im 20. Jahrhundert abzustecken. Bachmann hält nicht viel von der modernen Literaturkritik, für sie ist es oft nur »Gerede«, den »alles, was über Werke gesagt wird, ist schwächer als die Werke. Das gilt, meine ich, auch für die höchsten Erzeugnisse der Kritik [. . .]..« (W IV/182). Sie zitiert die Worte Hebbels, daß die Literatur eine »Börse« sei, womit Bachmann auf den Marktcharakter des Literaturlebens und der Literarurbetrachtung in vielen europäischen Ländern anspielt. Sie setzt ihre Betrachtungen fort, indem sie die soziologischen literarischen »Marktanalysen« aufgibt und sich der Frage nach der Rechtfertigung der Existenz der Schriftsteller in der Gesellschaft, die seit langem schon an Depressionen und Gefühlen ihrer Belanglosigkeit leiden, zuwendet. Sie erwähnt die Stürze ins Schweigen, die Selbstmorde und den Wahnsinn, denen sehr viele Dichter verfallen seien. Zudem meint sie: »der Fragwürdigkeit der dichterischen Existenz stehe nun zum ersten Mal eine Unsicherheit der gesamten Verhältnisse gegenüber« (W IV/188).

Im 20. Jahrhundert hat sich die Lage verschärft - »das Vertrauensverhältnis zwischen Ich und Sprache und Ding ist schwer erschüttert« (W IV/188). Seit der Zeit Hofmannsthals »münden alle Konflikte eines Schriftstellers in den Konflikt mit der Sprache«, sogar die religiösen und metaphysichen Probleme. Seit etwa fünfzig Jahren sei ein neues Denken entstanden, das wie ein Sprengstoff den Schreibenden Impulse und den Anstoß gegeben habe. Dann folgen Sätze, die von der Bachmann-Forschung ausgiebig zitiert worden sind und die als ihr eigenes dichterisches Programm angesehen werden. Der berühmteste Satz lautet: »Mit einer neuen Sprache wird der Wirklichkeit immer dort begegnet, wo ein moralischer, erkenntnishafter Ruck geschieht, und nicht, wo man versucht, die Sprache an sich neu zu machen, als könnte die Sprache selber die Erkenntnis eintreiben und die Erfahrung kundtun, die man nie gehabt hat« (ebd. 192). Es geht Bachmann um eine Richtung, eine moralische Tendenz im Sinne der Musilschen Utopie der »induktiven Gesinnung«; sie ermöglicht und schafft ein um Erkenntnis ringendes Denken; auch die Realität ist nur als eine Richtung zu bezeichnen und nur durch die Sprache erreichbar. »Und doch ist nur Richtung, die durchgehende Manifestation einer Problemkonstante, eine unverwechselbare Wortwelt, Gestaltenwelt und Konfliktwelt imstande, uns zu veranlassen, einen Dichter als unausweichlich zu sehen. Weil er Richtung hat, [. . .], verzweifelt unter dem Zwang, die ganze Welt zu der seinen machen zu müssen, und schuldig in der Anmaßung, die Welt zu definieren, ist er wirklich da« (ebd. 193). Diese Sätze klären Bachmanns Auffassung der Bedeutung des »wahren« Dichters als Menschen, der sein Schaffen als Berufung ansieht, die Welt zu ändern, sogar neu zu schaffen. Proust rechtfertige z. B. seine »Suche nach der verlorenen Zeit« im letzten Band: ohne diesen Abschluß wäre das Ganze ohne jeglichen erkenntnistheoretischen Halt. Es wäre gleichsam in der Luft schwebend, als die »Unvollendete« Symphonie anzusehen (ebd. 194). Bachmann fragt sich weiter: »Sind die essayistischen Partien in Musils ›Mann ohne Eigenschaften‹ denn nicht zugehörig? Ist die Errichtung einer Utopie, die zum Scheitern verurteilt ist, wegdenkbar, oder die Suche nach einer ›taghellen Mystik‹? Machen nicht alle die Denkversuche das Buch erst zu dem, was es ist?« (ebd.). Nur der Wille zur Veränderung ist in der Kunst wertstiftend, das neue Bewußtsein muß in dem gesellschaftlichen Kontext entstehen. Den naiven Satz von Simone Weil: »Das Volk braucht Poesie wie Brot«, den Bachmann in dem betreffenden Essay erörtert hatte, erweitert sie in der Frankfurter Vorlesung um das Postulat einer Literatur, die die Menschen aus ihrem Schlaf wachrütteln müsse. Weil sie die »Furcht vor der Freiheit« fühlten, fürchteten sie sich davor, die Augen aufzumachen und die Welt der Gewalt und des Unglücks wahrzunehmen (ebd. 197f.). In dieser Welt, wie es Bachmann formuliert, fällt dem Dichter die Aufgabe zu, wach und aktiv zu sein, zu protestieren. Kunst darf nicht nur »Kunst« sein, wie sie, Hermann Broch zitierend, feststellt. Mit diesen Forderungen, die sie an die Schriftsteller, Künstler und an die Literatur stellt, ist Bachmann u. a. Max Bense verwandt, welcher auch von der »tendenzhaften«, engagierten Literatur sprach und damit v. a. die Essayisten meinte. Seine Ansichten korrespondieren mit denen Bachmanns - letztere geht aber weiter, ist radikaler.

In der zweiten Vorlesung »Über Gedichte« setzt Bachmann ihre Erörterungen über die Aufgabe der Dichter in der modernen Gesellschaft fort, u. a. anhand von Analysen einiger Gedichtbeispiele von Eich, M. L. Kaschnitz, Enzensberger und Celan. Die Lyrik sei vor allen anderen literarischen Gattungen zu sozialer Wirkungslosigkeit verurteilt, meint die Autorin: wer lese heute Gedichte, um

Anweisungen zum Handeln in ihnen zu finden? (W IV/200f.) Diese »selbstgenügsame« Haltung, gegen die sie sich wendet, war im »George-Kreis« zum Extrem gesteigert, die Futuristen andererseits berauschten sich am Krieg, weil er als Spektakel der entfesselten irrationalen Kräfte angeblich schön war. Es war jedoch nur eine Apotheose der Gewalt. Nach der Meinung Bachmanns muß sich der Dichter heutzutage auf etwas anderes besinnen: »Alle Vorzüge einer Sprache wurzeln in der Moral (Karl Kraus)«. (W IV/206). Die Funktion eines Gedichtes, des literarischen Werkes überhaupt sieht Bachmann darin, daß es Menschen »unglücklich« macht, indem es sie auf das große Unglück der Welt hinweist: »Ein Buch muß die Axt sein für das gefrorene Meer in uns. Das glaube ich«. Dies hat Franz Kafka geschrieben, und Bachmann teilt mit ihm diesen Glauben (W IV/211). Sie entlarvt in der Folge die sogenannten Moden und die Originalitätssucht in der Literatur des 20. Jahrhunderts als »leeres Hantieren« mit der Sprache. Im 16. Jahrhundert, wie Gustav René Hocke nachgewiesen habe, habe es Experimente mit der Sprache gegeben, die jeder moralischen Zielsetzung entbehrt hätten (ebd.). Die Gedichte von Hans Magnus Ezensberger oder von Günther Eich dagegen seien zwar nicht »genießbar«, daher aber »erkenntnishaltig«, sie brächten uns der Wahrheit näher. Sie seien wie die Gedichte Paul Celans ein »Menschenwerk«, sie stünden in der langen Tradition des europäischen Humanismus (W IV/216).

Die dritte Vorlesung: »Das schreibende Ich« soll sich nach Michael Bendedikt in der »seit der Antike tief eingewurzelten Sprachaporie des amour de nous mêmes (vielleicht war Sokrates der Erste in dieser Tradition)« befinden. Bachmann sei, anders gesagt, in ihrer dritten Vorlesung, und nicht nur in dieser, auf dem »Holzweg« (Aporie) des Paralogismus der Ersten Person; es gehe hier »um die Rhetorik des Lebensgefühls der ersten Person und ihrer Projektionen in das ›Du‹ unserer funktionierenden Rollenanerkenntnis«.[4] Wir, und damit auch Bachmann, neigten dazu, »uns selbst zu reflektieren und zu verselbständigen, wenn unsere Erkenntnis, sittliche Einsicht, oder Darstellung des Gemüts nicht entsprechend ankommt«.[5] Der Satz: »›Ich denke etwas‹ erscheint uns als Mysterium, wir haben die Tendenz, dieses Mysterium als Ich-Grenze paralogi-

---

[4] Michael Benedikt a. a.O. S. 5f.
[5] ebd. S. 6.

stisch zu verselbständigen oder [. . .] unsere autarke Selbständigkeit aus jenen Sätzen herzuleiten«.[6] Diese Poetik-Vorlesung bleibt also auf dem »Holzweg« der Paralogismen stehen, die für Bachmann unbewußt waren. Sie zerlegt in ihr die verschiedenen Auffassungen vom Ich in der alten und neuen Literatur an Beispielen aus den Werken Prousts, Kafkas, Joyces, Becketts, Célines, Svevos u. a.:

> Ich ohne Gewähr! Denn was ist denn das Ich, was könnte es sein? - ein Gestirn, dessen Standort und dessen Bahnen nie ganz ausgemacht worden sind und dessen Kern in seiner Zusammensetzung nicht erkannt worden ist. Das könnte sein: Myriaden von Partikeln, die ›Ich‹ ausmachen, und zugleich scheint es, als wäre Ich ein Nichts, die Hypostasierung einer reinen Form, irdendetwas wie eine geträumte Substanz, [. . .], eine Chiffre für etwas, [. . .] (W IV/218).

Das fiktive Ich der Literatur ist heutzutage äußerst problematisch geworden; abgesehen von SS-Generälen oder Gangstern, die mit ihrem festen Ich anderen Menschen imponieren wollten, ist das »Ich« in einem Auflösungsprozeß begriffen (ebd. 220). Die Romane Prousts, Svevos oder H. H. Jahnns lieferten Beispiele dafür: in ihnen hält sich die Geschichte im Ich. Bachmann verweist auf die Beobachtung von E. R. Curtius zu Proust, derzufolge dieser noch die Gabe zur kontemplativen Darstellung der Welt gehabt habe. Bei Beckett, wie die Autorin meint, ist dagegen das Vertrauen zur Sprache so weit zerstört, daß sich sein Ich »im Gemurmel verliert« und die Inhalte im Beckettschen Werk radikal liquidiert werden (ebd. 235). Trotzdem ist für Bachmann das menschliche, fragwürdige Ich in der Literatur als »vox humana« unsterblich, es wird als Zeugnis der menschlichen Präsenz immer lebendig und, wie sie mit Pathos feststellte: »wenn keiner ihm glaubt, und wenn es sich selbst nicht glaubt, man muß ihm glauben, es muß sich glauben, sowie es einsetzt, sowie es zu Wort kommt, sich löst aus dem uniformen Chor, aus der schweigenden Versammlung, wer es auch sei, was es auch sei« (ebd. 237).

Die vierte Frankfurter Vorlesung wurde dem »Umgang mit Namen« gewidmet. Bachmann betont die Treue der Leser diesen Namen gegenüber - Lulu, Undine, Emma Bovary oder Hans Castorp scheinen oft lebendiger als die »wirklichen« Menschen zu sein: »der Umgang mit ihnen ist unkündbar« (ebd. 246f.). Die neue Literatur

---

[6] ebd. S. 7.

in ihrer Sprachauflösung hat auch die Namen nicht unberührt gelassen, sie bleiben nicht verschont, als exemplarisch sind die Gestalten Kafkas, Joyces und Faulkners zu nennen. Bei Thomas Mann, der eine ironische Namengebung liebte, »deutet schon der Name auf den Konflikt hin« (ebd. 247). Faulkner aber hat nach Bachmann in seinem Werk »Schall und Wahn« die äußerste Grenze der Namenrelativierung überschritten - bei ihm ist alles »in Konstellationen« aufgelöst - sie sollen auf die Personen hinweisen, sie im Prozeß der Erinnerung rekonstruieren (W IV/251). Zum Schluß bekennt Bachmann, daß sie durch die Lektüre Prousts »zu den Gedanken an Namen« gekommen sei. Proust hat eben als erster in seinem Roman »Namen und Namenerlebnisse« zum Thema gemacht. Er habe sie »mit Bedeutung erfüllt, aufgeladen, und zugleich ihre Leere bewiesen, sie als leere Hülsen weggeworfen [. . .]« (W IV/253f.).

Mit der »Literatur als Utopie« schließt Bachmann ihren Literatur-Zyklus ab. Sie meditiert über verschiedene mögliche Assoziationen, die mit dem Begriff »Literatur« sich verbinden, fragt sich auch, was die Literatur sei. »So ist die Literatur, obwohl und sogar weil sie immer ein Sammelsurium von Vergangenem und Vorgefundenem ist, immer das Erhoffte, das Erwünschte, das wir ausstatten aus dem Vorrat nach unserem Verlangen [. . .]« (ebd. 258). »Jeder Leser ist ein Leser seiner selbst«, hat sie in ihrem Essay Proust zitiert. Die Literatur muß daher wirksam sein, und darin liegen ihre »utopischen Züge«, wie sie es formuliert. Flauberts Roman »Bouvard et Pécuchet« entblößt die Phrasen, die Klischeevorstellungen, stereotypen Denkweisen, die die Sprache leerlaufen lassen.[7] Bachmann verschont aber auch nicht die moderne Literaturkritik, ihre Methoden der Literaturbetrachtung seien unzulänglich. Ernst Robert Curtius folgend meint sie, daß »die moderne Literaturwissenschaft ein Phantom sei« (ebd. 267). Heideggers Satz paraphrasierend, stellt sie fest, daß die Literatur in ihrem Kampf gegen die schlechte Sprache des Alltags immer »unterwegs zur Sprache« sich befinde, sie erfülle etwas von unserem nie ganz zu verwirklichenden Ausdrucksstraum (ebd. 268). Zuletzt zitiert Bachmann die Notiz Musils aus seinen Tagebüchern und glaubt seine Gedankengänge zur Literatur erweitern zu dürfen. Die Dichtung kann nicht mehr nur »als gei-

---

[7] Vgl. Roland Barthes: Mythologies. Paris: Éditions du Seuil 1957, S. 239-245.

stiger Raum der Nation« (Hofmannsthal) denkbar sein und funktionieren: die Aufgabe der Schriftsteller liegt in dem Versuch dieser richtungsweisenden Utopie, aus der »schlechten« Sprache auszubrechen, die als Rohmaterial im Leben vorzufinden sei, und wie ein Alchimist die »Magie der Sprache«, die neue Sprache, herauszudestillieren: »Wir besitzen sie als Fragment in der Dichtung, konkretisiert in einer Zeile oder einer Szene, und begreifen uns aufatmend darin als zu Sprache gekommen« (W IV/270f.). Wie Bachmann diese Postulate, die sie an sich selbst als eine »praktizierende« Schriftstellerin stellt, erfüllt, wird zur Zeit in der Forschung analysiert; ihre Poetik scheint auf jeden Fall äußerst dynamisch und offen zu sein. Darin ähnelt sie z. B. Walter Benjamin, für den »Utopie« der Literatur eine so wichtige Rolle spielte, obwohl die beiden verschiedene Ausdrucksmittel und verschiedene Sprachen als ihr Werkzeug benutzen. Auf die in einem Interview gestellte Frage, ob sie noch zu den Frankfurter Vorlesungen »stehe«, hat Bachmann positiv geantwortet. Sie sagte, daß sie zu einigen ihrer Gedichte eine positive Haltung nicht mehr habe bewahren können; ihre Dissertation und diesen Zyklus der Vorlesungen zur Poetik akzeptiere sie aber, auch nach vielen Jahren, ohne weiteres (NN 1594).

Verhältnismäßig oft wurden die Frankfurter Poetik-Vorlesungen von der Bachmann-Forschung besprochen, auch die Zeitungskritik interessierte sich »auf merkwürdige Weise« für das Auftreten Bachmanns, für ihre Sprechweise, ihre Kleidung und ihre Gewohnheiten, wie Irmela von der Lühe in ihrem Aufsatz kritisch vermerkte.[8] Sehr lange galt das öffentliche Interesse kaum dem Inhalt dieser Texte, nur die Person der »auratischen« Dichterin (Kurt Bartsch) sorgte für Aufsehen und wurde allseitig, oft »hämisch« seziert.[9] Die spätere, gesellschaftskritisch geprägte Kritik, wie die schon erwähnte Analyse der Vorlesungen Bachmanns von Höller, aber auch die von Christa Bürger, betont das persönliche Engagement der Autorin für »ihre Sache«, über welche sie mit Emphase und Pathos, ohne so abgegriffene Worte wie »Hoffnung«, »Mitdenken«, »erwecken« zu scheuen, mit dem Gefühl des Sendungsbewußtseins, zu dozieren wußte.[10] Aus dieser Perspektive gesehen mag es nicht verwunderlich

[8] Irmela von der Lühe, a.a.O., S. 122ff.
[9] ebd.
[10] ebd. S. 121; vgl. auch Höller a.a.O. und Christa Bürger: Ich und wir. Ingeborg Bachmanns Austritt aus der ästhetischen Moderne. In: Text + Kritik (1984), Sonderheft: Ingeborg Bachmann, S. 7–27.

sein, daß es Ingeborg Bachmann primär nicht darum ging, ganz originale Poetik zu verbreiten. Sigrid Weigel hat darauf hingewiesen, daß die Bachmannsche Literaturutopie neben Musil sehr viel dem französischen Literaturkritiker Roland Barthes zu verdanken habe.[11] Die deutsche Übersetzung der Essaysammlung Barthes' »Am Nullpunkt der Literatur«, die 1959 erschien, befand sich z. B. in der Privatbibliothek Bachmanns.[12] Zu fragen wäre, ob Barthes den Roman Musils gekannt haben mag. In diesem Fall könnte man von der Beeinflussung zweiten Grades sprechen. Wie Sigrid Weigel ausdrücklich betont, handelt es sich bei Ingeborg Bachmann um die metonymische Übernahme und Erweiterung der Ansichten Barthes', welche Bachmann mit eigener Erfahrung als aktive Schriftstellerin, also nicht nur Essayistin und Literaturtheoretikerin, bereichern konnte.[13] Es gehe also mehr um den Intertext, der, wie Barthes es einmal formulierte, »vielmehr eine Musik von Figuren, Metaphern, Wort-Gedanken« sei: »der Signifikant als Sirene«.[14] In der luziden Analyse Barthes' geht es vor allem um den von ihm postulierten »Mord an Literatur«, die sich mit der Reproduzierung der überlieferten und heutzutage schon überholten Schreibweisen begnüge, denn »die Schreibweise sei die Moral der Form, sie bedeute die Wahl des sozialen Bereichs, innerhalb dessen der Schriftsteller die Natur seiner Sprache zu situieren gewillt sei«.[15] Der moderne Schriftsteller befindet sich also demzufolge in einer Sackgasse der Schreibweise, er müsse mit den kompromittierten handwerklichen Mitteln, die von den früheren Stadien der sozialen Entwicklung herstammen, adäquat die sich ständig verändernde gesellschaftliche Wirklichkeit schildern, was unmöglich sei. Um ehrlich zu sein, sei er dazu gezwungen, nach einer neuen, »frischen«, erträumten Sprache zu suchen, und so mit allen mißbrauchten sprachlichen Mitteln zu brechen.[16] Somit spiegelt auch die radikale Haltung Bachmanns die tragische und sich in der permanenten Krise befindende Situation des (bürgerlichen) Künstlers unserer Zeit wieder.

---

[11] Sigrid Weigel a.a.O. S. 64–69.
[12] ebd. S. 65.
[13] ebd. S. 67ff.
[14] Roland Barthes: Elemente der Semiologie. Frankfurt a. Main: Syndikat 1979, S. 9.
[15] Roland Barthes: Am Nullpunkt der Literatur. Objektive Literatur. Zwei Essays. Hamburg: Claassen 1959, S. 18f.
[16] Roland Barthes: a.a.O. S. 80f.

Christa Bürger erklärt den Wechsel Bachmanns von der Lyrik zur Prosa als Verzicht auf das zur Perfektion gebrachte handwerkliche Können, das die Gefahr des Ästhetizismus in sich bergen könnte.[17] Auch in ihren Interviews behauptete Bachmann, daß sie nicht mehr Gedichte schreibe, weil sie Lyrik schreiben »könne« (GuI 25, 40f.). Es scheint fast, als ob die Bekanntschaft mit den Ansichten Barthes' für Ingeborg Bachmann den »erkenntnishaften Ruck« bedeutet und ihr geholfen habe, das in den früheren Essays angedeutete Literaturverständnis theoretisch zu festigen. Das Problem des Ich, in dem sich die Geschichte aufhalte, weil es so breit und so makrokosmisch sei, stammt möglicherweise nicht nur von der Erweiterung der Ausführungen Barthes' über den Roman, über das »Er«. [18] Man könnte darauf hinweisen, daß schon bei dem Lehrer Robert Musils, Ernst Mach, das Ich als fragwürdig, nicht mehr »rettbar« galt: »Somit setzen sich die Wahrnehmungen sowie die Vorstellungen, der Wille, die Gefühle, kurz die ganze innere und äußere Welt, aus einer geringen Zahl von gleichartigen Elementen in bald flüchtigerer, bald festerer Verbindung zusammen«.[19] Ernst Mach war fest davon überzeugt, daß sich das Ich aus diesen Empfindungen genannten Elementen zusammensetzt, das Ich ist »keine unveränderliche, bestimmte, scharf begrenzte Einheit«: »Bewußtseinsinhalte von allgemeiner Bedeutung durchbrechen aber diese Schranken des Individuums und führen, natürlich wieder an Individuen gebunden, unabhängig von der Person, durch die sie sich entwickelt haben, ein allgemeineres *unpersönliches, überpersönliches* Leben fort. Zu diesem beizutragen, gehört zu dem größten Glück des Künstlers, Forschers, Erfinders, Sozialreformators u. s. w.«[20] Auf diese Weise hat Mach das überpersönliche Element in der Struktur des Ich, das gesellschaftlich und historisch Bedingte bemerkt, wobei er aber diese Erkenntnis mit dem Verlust der Einheit des Ich eingebüßt hat. Nach Musil führt das Wechselspiel zwischen Innen und Außen, das Verständnis für das Unpersönliche am Menschen dazu, dem Persönlichen auf neue Spuren zu kommen (vgl. MoE I/252). Man kann

---

[17] Christa Bürger a.a.O. S. 19f.

[18] Barthes a.a.O. S. 31-41.

[19] Ernst Mach: Die Analyse der Empfindungen und das Verhältnis des Physischen zum Psychischen. Jena: Gustav Fischer 1911 (6. verm. Auflage), S. 17.

[20] Ernst Mach a.a.O. S.19f.

also mühelos die Affinitäten der Bachmannschen Poetik der Wirksamkeit und des Protestes gegen das Unglück und das Leiden zu den verschiedenen Denkern und Dichtern des 20. Jahrhunderts aufweisen. Ingeborg Bachmann war sich stets der »Sackgasse« bewußt, in der sich der moderne Künstler befindet, und suchte nach einem Ausweg. In einer beispiellosen Radikalität versuchte sie, eine zeitgemäße Sprache und Schreibweise zu schaffen, die absolut frei von Ideologien sein sollte, die im Dienste der bestehenden Ordnungen und der machtausübenden »Apparate« stünden. Weil diese Suche scheiterte, wurde das spätere Werk der Autorin in zunehmendem Maße tragischer und illusionsloser (»Todesarten« statt »Exultate jubilate«. . .). Sie wollte aber nie in ihren Bemühungen resignieren, wie man in einem der letzten Interviews lesen kann: »Ich selbst bin ein Mensch, der nie resigniert hat, überhaupt nie resigniert ist, sich das gar nicht vorstellen kann. Ich stelle nur fest, und ich stelle an so vielen Menschen, und oft schon sehr früh, eine mich erschreckende Resignation fest, das ist es« (GuI 118f.). Ihr essayistisches Werk entwickelte sich auch in diese Richtung, sein humanistischer »Kern«, seine Thematik blieb aber konstant ethisch ausgerichtet. Ingeborg Bachmann bediente sich in ihren Poetik-Vorlesungen der philosophischen Terminologie, die sie äußerst frei, unscharf, also essayistisch verstand und einsetzte. Alle Essayisten schreiben auf diese Weise, was auch Adorno in seinem Aufsatz zum Essay betonte. Diese zitternde Aura um Worte, um Begriffe, von der auch Fritz Mauther in seiner »schönen Sprache« schrieb[21], entsteht dadurch, daß die Begriffe »erst durch ihr Verhältnis zueinander« präzisiert werden (Adorno 20). Auch bei Ingeborg Bachmann errettet das Wie des Ausdrucks die Präzision des scharfen Umreißens der Begriffsbedeutungen (vgl. Adorno S. 20f.). Aus diesem Grund war es der Bachmann-Forschung wohl nicht möglich, zu definieren, was bei ihr z. B. »der erkenntnishafte Ruck«, »das Bild«, »das Erhoffte«, »das Vorgefundende« und »Scheinfragen« bedeuten sollten.[22]

»Seine [des Essays] Begriffe empfangen ihr Licht von einem ihm selbst verborgenen terminus ad quem, nicht von einem offenbarten

---

[21] Fritz Mauther a.a.O. S. 51f.

[22] So z.B. Ute Maria Oelmann: Deutsche poetologische Lyrik nach 1945: Ingeborg Bachmann, Günter Eich, Paul Celan. Stuttgart 1980 (= StAG. 74.) (zugleich phil. Diss. Tübingen 1978), S. 85f., und Friedrich Wallner, a.a.O., S. 190f.

terminus a quo, und darin drückt seine Methode selber die utopische Intention aus. Alle seine Begriffe sind so darzustellen, daß sie einander tragen, daß ein jeglicher sich artikuliert je nach den Konfigurationen mit anderen« (Adorno 21). Diesen Satz, den Adorno im Zusammenhang mit der Denkweise Walter Benjamins konzipiert haben mag, kann man ohne Vorbehalte auf die Methode Bachmanns anwenden. Auch sie macht sich zum Schauplatz geistiger Erfahrung (Adorno 21), um zu wirken, und erkauft ihre Freiheit mit der Unsicherheit der Sprache, Begriffe, die auch Musil in seinen Reflexionen über den Essayismus konstatierte und zugleich beklagte (vgl. MoE I/249).

6. Reden. »Die Wahrheit ist dem Menschen zumutbar«, »Ein Ort für Zufälle«, Rede zur Verleihung des Anton-Wildgans-Preises

Es gibt drei Reden Bachmanns; sie wurden verhältnismäßig oft in der Bachmann-Forschung und sogar in der Zeitungskritik zitiert, da ihre Titel und einige Formulierungen wie Aphorismen klingen.

»Die Wahrheit ist dem Menschen zumutbar« (entstanden 1959 als Rede zur Verleihung des Hörspielpreises der Kriegsblinden) hat man oft als »programmatisch« für die Poetik Bachmanns bezeichnet. Der Titel ist als eine Herausforderung für den Schriftsteller aufzufassen, der sich auf die Suche nach der Wahrheit begibt. Im Geiste Simone Weils versteht Bachmann unter der Rolle, der Sendung eines Schriftstellers den Menschen gegenüber, die durch Leiden und das Unglück »ausgezeichnet« wurden, für sie zu sprechen und zu schreiben (W IV/275). Es ist für Ingeborg Bachmann als eine »schreckliche und unbegreifliche Auszeichnung« anzusehen; der Schmerz erst ermöglicht den Menschen die Augen für die Wahrheit aufzutun, die Kunst, die darüber spricht kann ihnen diese Wahrheit offenbaren und sie dazu führen, ohne jegliche Täuschung, also »enttäuscht«, zu leben (ebd.). Der Schriftsteller ist zur Redlichkeit verpflichtet; Bachmann spricht davon, daß »dem Menschen eine Art des Stolzes erlaubt ist – der Stolz dessen, der in der Dunkelheit der Welt nicht aufgibt und nicht aufhört, nach dem Rechten zu sehen«

(ebd. 277). Sie habe in ihrem Hörspiel »Der gute Gott von Manhattan« alle Fragen der Liebe zwischen Mann und Frau erörtert, aber für sie stecke in jedem, alltäglichen Fall von Liebe auch zugleich »ein Grenzfall«, also der Versuch, über die Grenzen hinaus zu gelangen. Wieder klingt hier die richtungsorientierte Utopie an, die Suche nach dem Unerrreichbaren, das schon als eine Sinngebung des Lebens gedeutet werden könnte (ebd.).

»Ein Ort für Zufälle«, Rede zur Verleihung des Georg-Büchner-Preises, wurde am 17. Oktober 1964 von Bachmann gehalten. Diese Rede ist ein mit expressionistischen Stilmitteln verfaßter Essay, deren Analyse und Vergleich mit Büchners »Lenz« B. A. Schulz unternommen hat. Es gibt außerdem Analysen dieses Essays von Kurt Bartsch und von Hans Höller. Bartsch hält den Text für nicht essayistisch, sondern der fiktionalen Prosa zugehörig, obwohl mit diesem »Stadtporträt« Bachmann eine alte essayistische Tradition fortsetzt.[1] Sie schildert in ihrer Rede die »deutschen Zufälle«,[2] indem sie die Bezeichnung Büchners für die Krankheit, für die »Kluft des Wahnsinns«, nicht auf ein »Individuum«, wie in der Novelle »Lenz«, sondern für das Portrait einer Stadt (Berlin) in äußerst dynamischer Beschreibung verwendet: »Der Wahnsinn kann auch von außen kommen, auf die einzelnen zu, ist also schon viel früher von dem Innen der einzelnen nach außen gegangen, tritt den Rückweg an, in Situationen, die uns geläufig geworden sind, in den Erbschaften dieser Zeit« (W IV/278).[3] Es gibt in dieser dynamischen Prosa Bilder, die an expressionistische Filme erinnern, die Ge-

---

[1] Siehe Beate A. Schulz: Struktur- und Motivanalyse ausgewählter Prosa von Ingeborg Bachmann. Diss. Baltimore 1979, auch Kurt Bartsch: Ein Ort für Zufälle. Bachmanns Büchnerpreisrede, als poetischer Text gelesen, a.a.O., S. 135–145, und Hans Höller, a.a.O., S. 209ff.

[2] In den Vorstufen (NN 1461 und 2547) hieß diese Rede »Deutsche Zufälle« in Anspielung an die »Zufälle« Lenzens bei Büchner. Bei Büchner heißt es u.a.: »Oberlin sprach ihm von Gott. Lenz wand sich ruhig los und sah ihn mit einem Ausdruck unendlichen Leidens an, und sagte endlich: aber ich, wär' ich allmächtig, sehen Sie, wenn ich so wäre, und ich könnte das Leiden nicht ertragen, ich würde retten, retten, ich will ja nichts als Ruhe, Ruhe [. . .]«. In: Georg Büchner: Werke u. Briefe. Hrsg. v. K. Pörnbacher u.a. München: Hanser 1980, S. 87.

[3] Vgl. Ernst Bloch: Vorwort zur Ausgabe 1935 von: Erbschaft dieser Zeit. In: ders.: Erbschaft dieser Zeit. Erweiterte Ausg. (Werkausg. Bd. 4.). Frankfurt a. Main: Suhrkamp 1985, S. 15: »Die Zeit fault und kreißt zugleich. Der Zustand ist elend und niederträchtig, der Weg heraus krumm.«

drängtheit der Sprache, ihre Bildlichkeit ist den Texten nicht nur Büchners, sondern auch Benjamins verwandt. In ihren Dissonanzen und ihrer Komposition ähnelt die Prosa Bachmanns einem dodekaphonischen Musikstück, z. B. von Alban Berg (dieser war auch von Büchners Prosa fasziniert). Das Interesse Bachmanns für Musik sollte nicht erstaunen, wenn man ihre Versuche zu komponieren und ihre Zusammenarbeit mit H. W. Henze berücksichtigt. Zwei kleine Stilproben veranschaulichen die Bachmannsche Technik: »Alles ist versehrt, nicht durch Geschosse, sondern inwendig, die Körper sind durcheinander, sie sind oben oder unten zu kurz, das Fleisch ist ganz stumpf und gelähmt in den Gesichtern, ganze Mund- und Augenwinkel sind schief [. . .]« (W IV/283). »Es muß eine ›Disharmonie‹ sein. In der ganzen Stadt sickert etwas durch, alle wollen ›Disharmonie‹ gelesen oder gehört haben, manche haben es sich gedacht. [. . .] Wegen der Politik heben sich die Straßen um fünfundvierzig Grad, die Autos rollen zurück, die Radfahrer und Fußgänger wirbeln zurück zu beiden Seiten der Straße, [. . .]. Die Fußgänger verfangen sich, halten ihr Gebiß zusammen, sie sprechen nicht, aber sie schauen, mit den Händen fest über dem Mund, schauen aus nach einem Halt« (ebd. 284f.).

Die letzte Rede, zur Verleihung des Anton-Wildgans-Preises, wurde von Ingeborg Bachmann am 2. Mai 1972 in Wien gehalten. Diese Rede entstand eineinhalb Jahre vor dem Tode der Schriftstellerin. Bachmann thematisiert in ihr ihren alten Topos von der Sprache als Verhängnis und auch die Schuldgefühle, denen ein Schriftsteller ausgeliefert ist. Alles bei ihr, ihr Verhältnis zur Welt und zu den Menschen, ist versprachlicht. Ganz am Anfang der Rede reflektiert die Autorin darüber, was eine Rede sei: »Nur von einem Schriftsteller erwartet man, daß er überdies auch eine Rede hält, wenn möglich eine gewichtige, bedeutende, Vieles sagende, und das kann nichtssagend heißen, und da es ihm auch freisteht, zu reden worüber er will, so dürfte er sich sogar äußern zu allen Zeitfragen und Problemen, zu den allerhöchsten sogar, denn man meint, dieser Spezies müsse es ein Leichtes sein, über die trüben Tagesrätsel wie über die Welträtsel zu reden. Nur ist das leider nicht wahr« (W IV/294). Bachmann sieht ihren öffentlichen Auftritt als eine »Verfälschung« ihrer Person, denn sie existiert nur, wenn sie schreibt, und »niemand sieht sie dabei« (ebd.). Es gibt auch ähnliche Äußerungen Prousts, der über die notwendige »asoziale« Haltung der Schreibenden sprach. Bachmann unterscheidet zwei Phasen, zwei Aspekte der schriftstellerischen Tätigkeit: die erste, völlig »asozial« in dem Prozeß des Schreibens selbst, und die zweite, vom Schriftsteller unabhängig, die der Rezeption, der Aufnahme in der Öffentlichkeit. Für sie ist diese»asoziale« Phase Verdammnis, Arbeit »auf der Galeere«, »ein Zwang, eine Obsession, eine Strafe« (ebd. 295). Man könnte diese Meinung Bachmanns auch so verstehen, daß sie das Leben eines Schriftstellers in den christlichen Kategorien begreift. Die Sprache sei die Strafe nach der »Erbsünde«; der Schriftsteller will wirksam werden, aber seine Mühen sind vergeblich. Ein Dichter könne auf das Leben der Gesellschaft keinen Einfluß ausüben, er stehe immer daneben. »Meinungen hat jeder, die eines Schriftstellers sind belanglos, und was nicht in seinen Büchern steht, existiert nicht« (W IV/296). Andererseits versteht Bachmann das Schreiben als eine Therapie für die Gesellschaft, weil man sie dadurch von den Phrasen befreien könne, wie bei Wittgenstein seine Sprachphilosophie als eine Heilmethode gegen die Verhexung des Verstandes durch die Alltagssprache aufzufassen sei. Die letzten Sätze ihrer Rede, die Anspielung auf das Gedicht »Ihr Worte«, »Die Sprache ist die Strafe«, aber auch: »Kein Sterbenswort, ihr Worte« (ebd. 297), sind die Konklusion, daß nämlich »die kristallinischen Worte« ihrer neuen, erträumten Sprache sehr selten anzutreffen seien, in Reden aber überhaupt nicht. Es war die letzte öffentliche Rede Bachmanns. Über die essayistische Form der Rede (Ansprache) als eine »Abart« des Essays äußert sich z. B. Bruno Berger: »Es ist noch eine weitere offene Form zu beachten, obwohl sie in Deutschland keine so große Ehrung, wie z. B. in Frankreich genießt: die Rede, die Ansprache [. . .], da es bei uns weder eine Tradition noch eine Pflege und nur wenige Vertreter der öffentlichen Beredsamkeit von Rang gibt.«[4] Ludwig Rohner meint dagegen: »Häufig wird der Essay zuerst als Vortrag oder Rede gelesen, (nicht: frei gesprochen; viele Essayisten z. B. Emerson und Pater, waren keine Redner vom Schlage Bacons oder Macaulays) [. . .]. Eine Rede [. . .] ist genau gezielt und will unmittelbar wirken; so darf sie gröbere Mittel verwenden; [. . .] das Interesse gilt in einem je unentschiedenen Maße dem Thema wie dem Autor, beiden in fast jedem Falle: man liest und hört die

---

[4] Berger a.a.O. S. 43f.

Person, und durch diese die Sache«.[5] Andere Autoren meinen auch, daß die monologische Struktur des Essays im 20. Jahrhundert oft die Form der Festrede annehme. In der Ansprache ist die scheinbare Publizität erreicht. Die vereinsamten Leser versammeln sich vor dem Redner, er spricht vor dem stummen Publikum, für die schweigende Menge.[6]

7. »Die wunderliche Musik« und »Musik und Dichtung«: die beiden Musik-Essays

Zu dem Bestand des essayistischen Werkes von Ingeborg Bachmann gehören auch die triadisch-komponierten Essays: »Was ich in Rom sah und hörte« (1955), »Die blinden Passagiere« (1955) und »Die wunderliche Musik« (1956); sie wurden schon von B. A. Schulz untersucht.[7] Hier möchte ich nur den Essays über Musik einige Bemerkungen widmen. In ihren Interviews gibt es Äußerungen, die ihre enge Beziehung zur Sprache der Töne betonen. Man könnte Bachmann vielleicht mit Thomas Mann und seinen literarisierten »Musiken« vergleichen. In dem Nachlaß Bachmanns befindet sich ein kurzer Text: »Für mich ist Musik größer als alles, was es gibt an Ausdruck« (nicht datiert)(NN 2352). Die Musik »liegt mir«, meinte Bachmann, »indem sich in ihr für mich das Absolute zeigt, das ich nicht erreicht sehe in der Sprache, also auch nicht in der Literatur, weil ich sie für ihr überlegener halte, also eine hoffnungslose Beziehung zu ihr habe« (NN 2352). In dem Roman »Malina« sollte der letzte Teil von »Pierrot lunaire« als ein Motiv sich durch das ganze Buch ziehen, auch die Musik Gustav Mahlers »spielt« da, obwohl weniger auffallend, eine Rolle.[8] »Die wunderliche Musik«[9] ist dem

[5] Rohner, Der deutsche Essay, a.a.O., S. 349ff.

[6] Hannelore u. Heinz Schlaffer: Studien zum ästhetischen Historismus. Frankfurt a. Main: Suhrkamp 1975 (= es; 756), S. 148.

[7] Vgl. Beate A. Schulz a.a.O.; auch Hans Höller, a.a.O., hat den Essay »Was ich in Rom sah und hörte« sowohl im werkgeschichtlichen als auch im Kontext der fünfziger Jahre analysiert.

[8] Vgl. Karen Achenberger: Der Fall Schönberg. Musik und Mythos in »Malina«. In: Text + Kritik (1984), a.a.O., S. 120-131.

[9] »Ich habe zuerst angefangen zu komponieren und dann erst zu schreiben. Und immer, wenn ich über Musik spreche, fällt mir ein, daß Musik mein erster Ausdruck war. Der erste kindliche Ausdruck war und daß es heute für mich noch immer der höchste Ausdruck ist, den die Menschheit überhaupt gefunden hat. [. . .] In der Musik haben die Menschen das er-

Sinn des Hörens gewidmet, es ist aber auch ein mit Ironie durchwirkter Text, in dem Bachmann den modernen Musikbetrieb in den Konzertsälen vor dem Publikum, das »aus den Wäldern gekommen ist«, kritisiert, ein Konzert mit einer Zirkusveranstaltung vergleicht (W IV/45). In ein Konzert kommen »die Herren mit erfrischten Gesichtern über zeremoniösen Anzügen. Schwarze wattierte Schultern, die ruhig die stärksten Orchesterstöße abzufangen vermögen. Augengläser und Operngläser. Denn es soll hier etwas zu sehen geben. Die Bereitschaft, einer Exekution mit sicherem Ausgang beizuwohnen, erwacht [. . .]« (ebd. 46). Der Essay ist in zwei Abschnitte geteilt. Der erste Teil ist den Aspekten eines routinemäßig organisierten Konzertabends gewidmet, der zweite Abschnitt wendet sich den Elementen der Musik zu: Partituren, Alter und Neuer Musik, schwerer und leichter Musik, Musikstädten, Mozart und der MUSIK. Wie bei Proust ist die Musik für Bachmann etwas, »was uns Heimweh macht«: »Was aber ist Musik? Was ist dieser Klang, der dir Heimweh macht? [. . .] Was ist dieser Akkord, mit dem die wunderliche Musik Ernst macht und dich in die tragische Welt führt, und was ist seine Auflösung, mit der sie dich zurückholt in die Welt heiterer Genüsse? Was ist diese Kadenz, die ins Freie führt?« (ebd. 57f.). Die Musik entstammt »ihrem« Land, sie ist für Bachmann die vollkommene Verwirklichung der Sprache, nach der sie sich als Schriftstellerin gesehnt hat: »In der allerschwersten Musik trägt jeder Klang eine Schuld ab und erlöst das Gefühl von der traurigen Gestalt« (ebd. 54). Die Musik ist die Erlösung, sie erlöst von den Grenzen, die die Welt aufstellt, sie ist nicht dem Realitätsprinzip verhaftet, ist somit eine vollkommen freie Äußerung des Menschen.

Von der Musik her führt doch der Weg zur Dichtung. In dem Essay »Musik und Dichtung« schreibt Bachmann über die beiden Künste, die einst im Einklang miteinander gelebt hätten, heutzutage sich voneinander entfernten: »[. . .] es geschah immer und es geschieht, seltsam genug, heute noch, da die Künste auseinanderzutreten scheinen, sich wenig Blicke zuwerfen und nicht mehr in den alten Umarmungen liegen« (W IV/59). Bachmann glaubt, daß in unserer schwierigen Zeit Musik und Wort wieder zueinander fin-

---

reicht, was wir durch Worte und Bilder nicht erreichen können. [. . .] Das ist das größte Geschenk, das wir überhaupt haben, denn dort kommen wir über uns hinaus. Ohne diese Welt könnte ich nicht schreiben und ich schreibe nur, wenn ich Musik höre« (NN 2353).

den sollten, da sie innerlich verwandt seien, der Geist drücke sich rhythmisch aus, wie Hölderlin schrieb (ebd. 60). Das Postulat heutiger Zeit wäre nach Bachmann die Vereinigung beider Künste, die für beide äußerst belebend und produktiv sein würde, vielleicht eine Rettung für beide sein könnte. Für die Dichtung bedeutet das Bündnis mit der Musik ein zweites Leben, »jede Sprache, die diese [neuen] Wahrheiten ausspricht [...], kann durch Musik ihrer Teilhabe an einer universalen Sprache wieder versichert werden« (ebd. 61). Die Musik, mit dem Wort verbunden, »gibt die Askese auf, nimmt eine Beschränkung unter Beschränkten an, wird angreifbar und verwundbar«. Miteinander »haben sie die stärkste Absicht, zu wirken«, sie sind »ein Ärgernis, ein Aufruhr, eine Liebe, ein Eingeständnis« (ebd.). Ingeborg Bachmann gehört mit ihren Musik-Essays und mit ihrem Werk überhaupt zu den wenigen deutschsprachigen Schriftstellern, die eine intensive Beziehung zur Musik aufweisen. Was die Essayisten im allgemeinen betrifft, schreibt Rohner: »Schon Montaigne hat von sich bekannt: ›in der Musik hat man mir nie etwas beibringen können.‹ Der klassische französische und englische Essay ist vorzugsweise moralisch, wenig später literarisch. Musikalisch ist er nicht.«[10] Die meisten deutschen Essayisten seien visuell eingestellt. Geniale Musik-Essays hat Robert Schumann verfaßt, in seinem Fall einer doppelten, literarischen und kompositorischen Begabung sollte man sich nicht darüber wundern. Auch E. T. A. Hoffmann wäre da als ein über Musik schreibender Dichter und Komponist zu nennen. Im 20. Jahrhundert sieht es nicht besser aus, unter den wenigen Autoren, für die Musik der Mühe wert erscheint, sich mit ihr einzulassen, sind Hermann Broch, Ernst Bloch, Th. W. Adorno und Thomas Mann zu erwähnen. Auch Nietzsche, da er selber komponiert hat, äußerte sich zu den Fragen der Musik.[11]

---

[10] Rohner, Der deutsche Essay, a.a.O., S. 422f.
[11] Ebd. S. 424ff.

8. Vermischte Schriften. Essayistische Skizzen und Übergangsformen zum Feuilleton und zu anderen journalistischen Kleinformen (Buchrezensionen, autobiographische Aufzeichnungen und Statements)

Außer diesen schon erwähnten Essays gibt es noch den Proust-Essay; er wird jedoch eingehender im II. Kapitel dieser Arbeit analysiert; hier wird er nur »ordnungshalber« genannt. Im vierten Band der Werke von Ingeborg Bachmann gibt es einige als »vermischte Schriften« bezeichnete kleinere Skizzen und feuilletonistische Texte, die einzelnen Autoren, Dichtern, Künstlern und rezensierten Büchern gewidmet, oder als persönliche Statements aufzufassen sind. Zu diesen Bruchstücken, die noch nicht veröffentlicht wurden, gehört z. B. »Ein Essay in Briefform«[12] (NN 1529), der vorläufig gesperrt bleibt.

Die »vermischten Schriften« von Bachmann umfassen verschiedene kleinere Texte, die sich in thematische Gruppen einteilen lassen. Eine Gruppe könnten die Skizzen über Gombrowicz und Giuseppe Ungaretti bilden. Literarischen Themen sind gleichfalls folgende Texte gewidmet: - die Buchbesprechungen: »Religiöses Behagen? - Jose Orabuena: ›Kindheit in Cordoba‹«, »Kosmische Ekstasen - Alfred Mombert: ›Der himmlische Zecher‹«, »Franz Kafka: ›Amerika‹«, »Georg Groddeck«, »Ein Maximum an Exil - Über Leo Lipski: ›Piotruś‹«, »Das Tremendum - Sylvia Plath: ›Die Glasglocke‹«, »Berthold Brecht: Vorwort zu einer Gedichtanthologie«, »Thomas Bernhard - ein Versuch«. Es gibt auch autobiographische Texte: »Biographisches«, »Gruppe 47«, »Zugegeben«, »Leipzig«, »Ferragosto«; einiges zu Fragen der Poetik: »Wozu Gedichte«, »Zur Entstehung des Titels ›In Apulien‹«, »Das Gedicht an den Leser«. Darüberhinaus findet man Texte wie: »Hommage à Maria Callas«, »Otello«, »Auf das Opfer darf sich keiner berufen«. Im Nachlaß befinden sich noch folgende Fragmente, Statements: »Ich werde nie mehr ein Gedicht schreiben« (NN 2355), »Böhmen liegt am Meer« (NN 2349-50), »Ich bin eine Slavin« (NN 2345), »Ein Tag wird kommen« (NN 2347, auch GuI 145f.), »Die Inquisition, das hört überhaupt nicht auf« (NN 3765), »Mann und Frau sind die Knechte

---

[12] Vgl. S. 2 der Einleitung

einer Sprache« (NN 883), »Der Mensch ist ein dunkles Wesen« (NN 2344) und »Musik ist für mich das höchste, was es gibt an Ausdruck« (NN 2352). Zu den Essays wurde auch »Tagebuch. Beitrag zur Probenummer einer internationalen Zeitschrift« gerechnet. Als verschollen gelten die Radio-Essays: »Logik und Mystik« (1953), »Utopie contra Ideologie« (1956) und »Freud als Schriftsteller« (1963)(vgl. W IV/406f.).

Die beiden Buchbesprechungen: über Heinrich Bölls frühe Prosatexte »Der Zug war pünktlich«, »Wanderer, kommst du nach Spa. . .« und »Wo warst du Adam?«, sowie über die Romane »Sackgassen« von Thea Sternheim und »Ein Schwert zwischen uns« von Horst Lange[13] wurden in der Werkausgabe ebenfalls nicht veröffentlicht. In der ersten Rezension rühmt Ingeborg Bachmann die Einfachheit der Sprache und Thematik der frühen Romane und Erzählungen Bölls. Ihre Schwäche liege dagegen, wie Bachmann meint, in dem Fehlen einer einheitlichen stilistischen Durchformung. Die Dichterin erblickt die Hauptgefahr für moderne Autoren nämlich darin, daß sich »das Artistische«, also die Form, bei ihnen zu verselbständigen beginne. Bei Böll könne aber von solcher Gefahr keine Rede sein, denn sein Thema lautet: »Wie soll Gott, dessen Altäre zerschlagen sind wie die Welt, die ihn vergessen hat – und die darum ohne Trost ist – wiedergewonnen werden?«[14] Bachmann interssierte sich für die »bescheidenen« Romane Bölls, weil sie vom geistigen Erwachen angesichts des Krieges, der tödlichen Gewalt sprechen. Bei Böll werde die »fruchtbare« Angst des Christen im Augenblick des Todes thematisiert.[15] In der folgenden Buchbesprechung über die Romane: »Sackgassen« von Thea Sternheim und »Ein Schwert zwischen uns« von Horst Lange,[16] betont Ingeborg Bachmann die Absicht der beiden Autoren, mit der Schuld der jüngsten Vergangenheit, an den Kriegen, ins Gericht zu gehen. Im Falle von Thea Sternheim habe man es mit einem Buch über »Himmel und Hölle« und mit einem Werk von »europäischem« Format zu tun, das mutig, ehrlich und leidend das »Fegefeuer der Erfahrung« einer Generation, die zwei große Kriege mitverursacht und

---

[13] Erschienen im zweiten Halbjahr des 7. Jahrganges der Zeitschrift »Wort und Wahrheit« (1952), S. 623f. und S. 944f.

[14] ebd. S. 624.

[15] ebd.

[16] ebd. S. 944f.

miterlebt hat, darstelle. Den Roman von Lange hielt Bachmann für weniger überzeugend, er schildere lediglich »blasse Figuren« der moralisch verkommenen Nachkriegswelt. Schon in diesen frühen Buchrezensionen klingen die späteren Themenkreise an, werden die Ansätze der später formulierten Ästhetik sichtbar: »Im Dunkel leben, im Dunkel tun, was wir können«.[17] Diesen Satz von Thea Sternheim fand damals Ingeborg Bachmann wesentlich.

Die beiden Erinnerungen an Witold Gombrowicz und Giuseppe Ungaretti sind als Entwürfe erhalten geblieben. Den polnischen Schriftsteller Gombrowicz hatte Bachmann 1963 in Berlin, an dem »Ort für Zufälle« kennengelernt, wo beide Stipendien der Ford-Foundation erhalten hatten. Das Fürchterliche dieser für »deutsche Zufälle« exemplarischen Stadt, die »nach Krankheit und Tod riecht« (W IV/326), ihre Feindlichkeit, wird in dieser Skizze thematisiert:[18]

»Eines Tages gingen wir in eine kleine Wirtschaft in Berlin essen, der Kellner dachte, wir verstünden kein deutsch, am Ende sprach ich deutsch mit ihm, und es war einer der vielen Schocks, die sich sehr oft wiederholt haben in Berlin für mich. Es war aber nicht der Kellner, der mir sagte, wir sind doch hier keine Polenwirtschaft. Er sagte etwas anderes, er war vorsichtig, er wußte nicht, wie man uns unterbringen sollte, und ob Ost oder West oder etwas Drittes, aber er sagte etwas Fürchterliches, wir standen beide auf und zahlten sofort und gingen« (ebd. 327).

Von den Buchbesprechungen, die alle die Thematik reiner Bachmannscher Prägung, die Suche nach der »neuen Sprache« u. a., enthalten, scheinen die Entwürfe zu Georg Groddeck, zu Lipskis Buch und zu Sylvia Plath die charakteristischsten zu sein.

»Georg Groddeck« ist ein unvollendeter Essay, 1967 entstanden, er war als Rezension der Schriften dieses Arztes für das Nachrichtenmagazin »Der Spiegel« gedacht (W IV/346-353). Am Schluß dieser Skizze heißt es: »Wenn man mit einem Autor ein paar Monate zugebracht hat, mit ihm so oft sich zerstritten hat, mit ihm sich so befreundet hat, ist es schwer, einen vernünftigen Schluß zu finden. Diese Kritik ist keine Kritik« (ebd. 353). Bachmann begreift Groddeck vor allem als einen genialen Therapeuten der Krankheiten, die

[17] ebd. S. 944.
[18] Siehe dazu Hans Höller, a. a.O., S. 184, über das späte Gedicht aus dem Nachlaß »Im Feindesland« (NN 286).

jeder Kranke, d. h. sein Es »produziert«. Sie hat selber im Jahre 1949[19] ein Praktikum in der Nervenheilanstalt Steinhof bei Wien absolviert. Sie würdigt Groddeck als einen genialen Arzt, der auch für viele Dichter wichtig gewesen sei: z. B. für Henry Miller, W. H. Auden und L. Durell. Groddeck war eine komplexe Persönlichkeit, nicht nur Arzt, sondern auch Dichter; als Arzt wurde er zum Vorläufer der Psychosomatik. Was Bachmann an ihm besonders fasziniert, waren seine »unwissenschaftlichen« Methoden, sein Nonkonformismus und seine Fähigkeit, die Menschen zu demaskieren, außerdem »haben die Heiligen in diesem Jahrhundert diese Sprache führen müssen, die eines Clowns und die eines Wissenschaftlers. Groddeck hätte wahrscheinlich auch lieber mit den Vögeln und den Fischen geredet [. . .]« (ebd. 348). Im Fall von Groddeck haben wir es mit einer »Koinzidenz von Schriftstellerei und Forschen und Erforschen in einem altmodischen Sinn, der hier einen neuen bekommen hat«, zu tun (ebd. 349). Wie in ihrer Skizze »Der Mensch ist ein dunkles Wesen« spielt sie auf Goethe an. Sie meint, daß sich die Menschen nicht so sehr am technischen Fortschritt berauschen sollten, denn es bleibe viel an dem Menschen, was »dunkel« sei. Groddeck hatte übrigens auch Essays über die Sprache geschrieben: in dem Aufsatz »Von der Sprache« heißt es u. a., daß der Mensch es nicht vermag, sein Wesen in Worte zu bringen, das Sprechen befähigt ihn noch längst nicht dazu, die Wahrheit zu sagen. Die Natur scheut sich so davor, »sich zu zeigen, wie sie ist, daß sie das Innenleben gar nicht in Worten denken läßt, nicht einmal in stummen Worten.«[20] Die Worte verlören wie Schmetterlinge ihre Schönheit, sobald die Finger sie berührten – es geschehe auch mit den Gedanken, wenn sie in Worte gekleidet würden. Im Wesen der Sprache liege es, daß sie verfälscht. Die Menschen hätten sich aus Hochmut die zentrale Stellung im Weltall angemaßt, ein Kunstwerk könne aber nur dann gelingen, wenn es als ein Werk der Natur begriffen werde. Goethe, der »naive« Dichter, sehe noch im Teil das Ganze, im Ganzen den Teil. Die höchsten Kunstwerke seien wie die Berge, Flüsse und Täler Werke der Natur.[21] Groddeck setzt also die (nicht

---

[19] Siehe Anm. 4, S. 4.

[20] Georg Groddeck: Von der Sprache. In: Psychoanalytische Schriften zur Literatur und Kunst. Hrsg. v. Egenolf Roeder von Diersburg. Wiesbaden: Limes Verlag 1964, S. 23ff.

[21] ebd.

nur österreichische) Tradition der Sprachkritik fort. Bachmann kannte sicherlich diese Texte, die sie bei der Formulierung der eigenen Poetik bestimmt inspiriert hatten. Bei Groddeck ist das Ich eine Maske - das Symbol und die Sache sind für ihn eins (vgl. W IV/352). Darin gibt es »Korrespondenzen« zu der dritten Frankfurter Vorlesung, in der Bachmann das fragliche Ich der modernen Literatur behandelte.

»Das Tremendum - Sylvia Plath: ›Die Glasglocke‹« ist als Rezension 1968 entstanden. Bachmann scheint von dem Buch, der Geschichte einer jungen Frau, die plötzlich erkrankt, zutiefst ergriffen zu werden. Es gibt für sie eine Verbundenheit mit Sylvia Plath in ihrem Roman »Der Fall Franza«, in dem ein ähnlicher Fall mit allen Konsequenzen geschildert wird. Das Buch von Sylvia Plath, die mit dreißig Jahren Selbstmord begangen hatte, scheint für Bachmann eine Schlüsselstellung einzunehmen: »Nichts ist poetisch an der Krankheit, und die großen Kranken von Dostojewskij bis Sylvia Plath wissen es, die Krankheit ist das schlechthin Entsetzliche, es ist etwas mit tödlichem Ausgang« (W IV/359). Sylvia Plath gehörte Bachmann zufolge zu den Schriftstellern, die in der Hölle waren, daher sind sie die ersten, weil sie unter den letzten waren. In ihrem Proust-Essay schreibt sie über dessen Figuren, die auch das Inferno kennten, die Hölle der Sodom und Gomorra. Das Motiv des Bösen beschäftigt sie ständig und zieht sich durch ihr ganzes Schaffen.

»Ein Maximum an Exil - über Leo Lipski: ›Piotruś‹« (1967) ist ebenfalls als eine Rezension geplant und wurde von der Wochenzeitung »Die Zeit« in Auftrag gegeben. Die Prosa dieses aus Polen nach Israel ausgewanderten Exilierten sei der von Beckett verwandt. Es handle sich in dem Buch eigentlich nicht um reales Exil: »Es ist ein Maximum an Exil, es atmet, ohne es zu beschreiben, ein Land aus, in dem man nicht angekommen ist und in dem die Falltür zugeht, in dem man am weitesten von der Herkunft erntfernt ist [. . .]« (W IV/355). Der emigrierte Schriftsteller hat den Roman in polnischer Sprache geschrieben, denn die Geschichte einer Sprache ist die Familiarität dieser Sprache mit dem, was auszudrücken ist (ebd. 356).[22]

---

[22] Vgl. auch die Bemerkungen Bartschs, a.a.O., S. 38 u. 50 über den Verlust der »Heimat« bei Ingeborg Bachmann; auch Höller, a.a.O., S. 161.

»Thomas Bernhard: Ein Versuch« (1969) ist nach dem Erscheinen von dessen »Watten« geschrieben. Bachmann rühmt Bernhard wegen seiner Radikalität, er denke bis zum Äußersten, wie Kafka schildere er die Welt, die doch unsere sei: »Das Müssen, die Notwendigkeit, das Unausweichliche stempelt alle Bücher von Bernhard, [. . .]. Die Vorgänge werden immer einfacher, sinnfälliger, in ihrer gesamten Sinnlosigkeit« (W IV/362). Für Bachmann verkörpert Bernhard das Neue in der Literatur, er sei der Beckettschen Prosa unendlich weit überlegen. Die Sprache Bernhards sei aus den Worten, die etwas »Unmißverständliches« wiedergeben, zusammengesetzt, er schreibe über die letzten Dinge, seine Bücher seien Konstellationen aus tiefem Unglück, die das Glück des Bedeutenden ausmachten (ebd. 363). Man kann behaupten, daß sich die Bachmannsche Weltanschauung als eng verwandt der zerstörerischen, »demaskatorischen« Weltsicht Bernhards und Becketts bezeichnen läßt. Sie scheint mit ihnen »wahlverwandt« zu sein.

In dem Vorwort zu einer Brecht-Anthologie (1969) spricht Bachmann davon, daß Brecht »die großen Worte an der richtigen Stelle« habe. Er nehme mit seiner Sprache an der Utopie, an dem vieltausendjährigen Virus gegen die schlechte Sprache teil: »An unserem Ausdruckstraum« (ebd. 367). Die Utopie-Motive ziehen sich durch die kleinen biographischen Texte: in der Skizze »Biographisches« (zwischen Mai und September 1952 geschrieben) z. B. sieht Bachmann ihr Schaffen, ihre Wurzeln darin, daß sie »so nahe der Grenze, [. . .]«, auch der Grenze der Sprache aufgewachsen sei, sie war »hüben und drüben zu Hause, mit den Geschichten von guten und bösen Geistern zweier und dreier Länder«; die Enge dieses Tals und das Bewußtsein der Grenze habe ihr das Fernweh eingetragen (W IV/301).

»Wozu Gedichte« (1955) variiert die Frage »und wozu Dichter in dürftiger Zeit?« Hölderlins, auf die Heidegger so intensiv reagiert hatte. Bachmann sieht den Sinn des Gedichteschreibens, der Lyrik darin, daß sie »Formeln in ein Gedächtnis legt, wunderbare alte Worte für einen Stein und ein Blatt, verbunden oder gesprengt durch neue Worte, neue Zeichen für Wirklichkeit [. . .]« (ebd. 303). In dem Text »Zur Entstehung des Titels ›In Apulien‹« nennt Bachmann Apulien das utopische Land, das zu den »Ursprungsländern«, den versunkenen und den erträumten, Atlantis und Orplid, zähle (ebd. 305). Die Aufzeichnungen Bachmanns »Ich werde nie mehr ein Gedicht schreiben« (NN 2355), »Böhmen liegt am Meer« (NN 2349-50) und »Der Mensch ist ein dunkles Wesen« (2344), stammen aus der späten Schaffensperiode der Autorin. »Ich werde nie mehr ein Gedicht schreiben« (NN 2355) reflektiert das Verhältnis Bachmanns zu ihrem angeblichen, von der Kritik zerschwatzten »Verstummen« als Lyrikerin. Dieser Text wurde schon am Anfang dieses Kapitels besprochen. Bachmann reflektiert ihre Beziehung zur Prosa, sie meint, sie habe schon immer epische Texte schreiben wollen, habe aber früher zu wenig Erfahrungen gesammelt, um gute Prosa zu schaffen. Der Übergang zur Prosa sei für sie nicht leicht, denn sie habe es nicht begriffen, daß in einem Prosatext nicht jeder einzelne Satz wichtig, sondern das Ganze von Bedeutung sei, anders als in einem Gedicht. Sie habe seit ihrem 30. Lebensjahr keine Gedichte mehr verfaßt, mit wenigen Ausnahmen, u. a. des Gedichtes »Böhmen liegt am Meer«, »aber es ist nicht Gedicht«, wie sie schreibt, »das ich für mich beanspruche, ich glaube nicht einmal, daß ich es geschrieben habe, [. . .], denn wenn ich es könnte, würde ich meinen Namen wegnehmen und darunter schreiben ›Dichter unbekannt‹; es ist für alle und es ist geschrieben von jemand, der nicht existiert« (NN 2355). Der Text »Böhmen liegt am Meer« verbindet sich thematisch mit dem früheren. Bachmann nennt dieses Gedicht einen »Nachzügler«, mit welchem es für sie mit dem Gedichte-Schreiben zu Ende war. »Es ist für mich das Gedicht, zu dem ich immer stehen werde« (NN 2349), meint sie weiter, für alle Menschen geschrieben, Böhmen ist ihr das Land der »menschlichen Hoffnung, das sie nicht erreichen werden«. Es ist für Bachmann das Gedicht ihrer geistigen »Heimkehr«. Ein Satz Shakespeares hatte sie inspiriert: »Wir alle sind Böhmen. Und wir alle hoffen auf dieses Meer und auf dieses Land. Und wer nicht hofft und wer nicht lebt und wer nicht liebt und wer nicht hofft auf dieses Land, ist für mich kein Mensch« (NN 2350). »Der Mensch ist ein dunkles Wesen« (NN 2344), »Ich bin eine Slavin« (NN 2345) und »Ein Tag wird kommen« (NN 2347 u. GuI 144f.) setzen die Gedanken der beiden oben erwähnten Aufzeichnungen fort. Bachmann schreibt, sie habe diesen Satz Goethes aus der Schaffensperiode um sein vierzigstes Lebensjahr immer für wahr gehalten, denn man könne nur versuchen, den Menschen zu begreifen, über seine Probleme zu schreiben. Ein Schriftsteller wird gefragt, welche Aufgabe er überhaupt auf sich nehmen wolle: »Also, was soll er beschreiben. Das Proletariat, den Klassenkampf, ich weiß nicht, also irgendetwas beschreiben, nein. Ja und Nein. Er soll, wenn er kann, er soll nicht, wenn er nicht kann. Was für immer bleiben wird, das einzige Wesen, was unbeschreiblich ist; ein Mensch« (NN 2344).

Die zwei letzten Texte entstanden kurz vor dem Tode der Schriftstellerin nach ihrer Reise nach Polen; in ihnen vereinigt sich die Problematik der Frau, der Moral, der modernen Gesellschaft mit der Frage nach der Möglichkeit der Verwirklichung der Utopie in »Böhmen liegt am Meer«. In »Ich bin eine Slavin« (NN 2345) schreibt Bachmann: »Ich gehöre zu diesen Leuten, die zwar nicht weniger rational denken können, [. . .], im Gegenteil. Ein Schriftsteller kann überhaupt nicht intelligent genug sein [. . .]. Aber, wer nicht emotiv ist, Slaven sind emotiv und ich bin eine Slavin von beiden Seiten meiner Eltern her, meiner Vorfahren her, der kann vielleicht auch kein Schritsteller sein«. »Kein Herz zu haben und nicht zu fühlen, ist für mich unmöglich. Wenn das nicht zusammen gehört, dann gibt es keine Literatur mehr« (ebd.). Bachmann stellt jedem Schriftsteller das Postulat der Vereinigung von Emotionen mit der Ratio, denn die Intellektualität im Dienste der Liebe, der Nächstenliebe bedeutet für sie die Voraussetzung, den Menschen etwas geben zu können. »Ein Tag wird kommen« variiert das Thema der zukünftigen Utopie, die in der Zusammenarbeit in Liebe und Verständnis zwischen Mann und Frau zu realisieren wäre. Die Frauen »brauchen kein Mitleid und sind zu jedem Opfer fähig, um etwas zu tun«, sie möchte es den anderen Frauen sagen: »geht nach Polen und seht euch an, was Polinnen tun. Und sie sind nicht unweiblich, im Gegenteil, sie sind vielleicht die weiblichsten Frauen der Welt [. . .]. Die Wahrheit ist, daß dort die Frauen und Männer miteinander auf eine Zukunft hinarbeiten, miteinander und nicht gegeneinander. [. . .] Wir werden die Güte wieder entdecken und die Liebe wieder entdecken und das wird unsere Freiheit sein« (NN 2347 u. GuI 145f.).

Die Problematik des »Bösen« und das Motiv des Opfers findet man in dem Fragment »Auf das Opfer darf sich keiner berufen«: »Es darf keine Opfer geben, Menschen als Opfer, weil der geopferte Mensch nichts ergibt« (W IV/355). Die Menschen wollen immer alles begründen, das Leben ist nie als etwas Selbständiges betrachtet worden, aber jetzt sollten, wie Bachmann glaubt, die Worte: »Leben schenken«, »Gnade«, »Befreiung« verschwinden, denn »auf das

Opfer darf keiner sich berufen. Es ist Mißbrauch. Kein Land und keine Gruppe, keine Idee, darf sich auf ihre Toten berufen« (ebd.).

Die zwei letzten Texte stehen wieder in engem Zusammenhang mit der Musik und dem Künstlertum. Das erste Fragment ist eine »Hommage à Maria Callas«, sie war für Bachmann das Ideal des Künstlers, denn sie vermochte alles mit ihrer Stimme auszudrücken, was auch als ihr persönliches Ideal anzusehen ist. Maria Callas »wird nie vergessen machen, daß es Ich und Du gibt, daß es Schmerz gibt, Freude, sie [ist] groß im Haß, in der Liebe, in der Zartheit, in der Brutalität [. . .], weil [sie] weiß, was Ausdruck überhaupt ist« (ebd. 342). In dem, was Bachmann über »Otello« von Verdi schreibt, richtet sie dagegen ihre Aufmerksamkeit auf die Gestalt Jagos, der für sie das Böse schlechthin personifiziert: »Es ist menschlich. Man kann Menschen zutodbringen, aber nur ein Mensch kann das. Und Jago ist das extremste Beispiel für das, was ein Mensch vermag. Das Geheul Otellos, das Sterben Desdemonas, die Demütigungen und Leiden der anderen - die sind sein Gewinn« (ebd. 345).

Ingeborg Bachmann ist, wenn man es vorläufig zusammenfassend sagen darf, auch in ihren Essays eine Utopistin, sie hat ihre Utopie des Landes der Liebe und Güte entworfen, wo die Menschen eine »schöne Sprache« sprechen, wo sie miteinander sprechen, in dem Lande »Böhmen«, das für sie immer am Meer liegt. Zur Zeit aber herrsche noch »die Inquisition«. Der Text »Wie im Mittelalter. . .« spricht darüber: »wie im Mittelalter. Die Inquisition. Das hört überhaupt nie auf« (NN 2433). Die Welt könnte man aber so leicht anders einrichten: »Blumen zum Beispiel, überall, man zahlt mit Blumen, und lächeln muß man, sonst kriegt man überhaupt nichts. Und man muß den anderen was Freundliches sagen, nicht die Wahrheit, die will doch niemand, was Freundliches« (NN 3765).

II. Die Gesichtspunkte des essaysitischen Schaffens und Schreibens von Ingeborg Bachmann. Motive, Themen und Fragestellungen ihrer Essayistik

Marcel Proust: Positivist und Mystiker. Eine Gesamtschau der »conditio humana« - die Veranschaulichung der Methode und der Thematik des essayistischen Denkens Bachmanns anhand ihres Proust-Essays und Vergleich mit den Proust-Essays von Ernst Robert Curtius und Walter Benjamin

Ingeborg Bachmann hat in ihren Essays verschiedenartige Stoffe und Themen behandelt. Wie in dem vorangehenden Kapitel gezeigt wurde, reicht das Spektrum der Interessen von den philosophischen Essays (Ludwig Wittgenstein-Essays) über die Arbeiten, die den Schriftstellern Robert Musil, Marcel Proust, Franz Kafka, auch Simone Weil, Georg Groddeck gewidmet wurden, bis zu den Reden, Frankfurter Vorlesungen, den kleinen Skizzen, Aufzeichnungen, der literarischen Kritik und endlich bis zu den autobiographischen Texten. Zum Gegenstand dieses Kapitels, dieser Betrachtung, die die Philosophie Bachmanns anhand eines konkreten Essays beleuchten soll und die charakteristischen Merkmale ihres Denkens zu veranschaulichen beabsichtigt, habe ich ihren Proust-Essay ausgewählt. Die Gesichtspunkte ihrer essayistischen Schriften lassen sich, wie ich meine, am besten exemplarisch an einem konkreten Text, im Hinblick auf die in ihm enthaltenen Motive, Themen und Fragestellungen, herausdestillieren. Der Essay über die Welt Marcel Prousts gehört zu der Reihe der literaturkritischen Arbeiten der Autorin: hier wird er mit den berühmten Proust-Essays zweier ebenfalls berühmter deutschsprachigen Essayisten, dem Proust-Aufsatz Benjamins und dem umfangreichen Proust-Essay von Ernst Robert Curtius verglichen. Im Unterschied zu Ingeborg Bachmann haben sich Curtius und Benjamin fast ausschließlich essayistisch geäußert, aus diesem Grunde ist es interessant und verlockend, die essayistischen Arbeiten Bachmanns mit denen der »Essayisten-Prominenz«

zu vergleichen. Der Proust-Essay wurde erst in den achtziger Jahren von der literarischen Kritik bemerkt und vor allem im Kontext der sogenannten »Problemkonstante« des Bachmannschen Werkes analysiert.

Es handelt sich um einen Radio-Essay. Radio-Essays, auch Funk-Essays, bilden stehende und fixe Publikationssparten im modernen Rundfunkprogramm. Der Umfang eines Radio-Essays ist kürzer als der eines traditionellen Essays, die Technik bestimmt seine äußere und innere Form, indem er nur akustisch aufgenommen wird. Sein Stil muß daher konzentrierter sein, auf stilistische Feinheiten wird verzichtet, die Aussage muß aufgelockert und durchsichtiger gemacht werden. Bei umfangreichen Funkessays ist es möglich, den Text dem inneren Gehalt nach - etwa These, Antithese, Synthese, oder nach dem Thema, Gegenthema, positiven und negativen Einwänden aufzugliedern und auf Sprecher zu verteilen, wenn nicht gar die uralte Dialogform mit Partnern wieder aufzunehmen. Wenn sich »hier zukunftsreiche Möglichkeiten einer spezifischen Aussageform abzuzeichnen scheinen, die noch keineswegs alle ausgeschöpft sind, so wird wohl mit dem Funkessay [. . .] die Entwicklung des traditionellen Essays abgeschlossen sein«.[1] Der Essay Bachmanns »Die Welt Marcel Prousts - Einblicke in ein Pandämonium« wurde am 13. Mai 1958 vom Bayrischen Rundfunk gesendet. Der Text wurde auf die Stimmen der einzelnen Sprecher verteilt, der Bachmannsche Essay (das betrifft auch alle anderen vorher besprochenen Radio-Essays der Autorin) ist aber kein sokratisches Gespräch (welches als Topos, als die »Urform« des Essays bezeichnet worden ist). Bachmann hat nur der Stimme der »Autorin« theoretische Bemerkungen vorbehalten, die anderen Sprecher unterstützen die Thesen dieser »Autorin«, zitieren die Meinungen der Kritik über Proust, gegebenenfalls Proust selbst. Die Stimme der »Autorin« beginnt ihre Ausführungen mit einer Bemerkung über ihre Zweifel, ob das »Romanwerk Prousts heute einem leidenschaftlichen Interesse« bei dem Publikum begegnen würde. Proust gelte heute als »exklusiv, dekadent, schwer lesbar« und auch als der »längst überholte Schriftsteller«, bei dem es sich nur um stilistische Probleme handle (W IV/156). Sie sagt, daß sie keine weitere Interpretation zu den schon vorhandenen liefern möchte, in ihrem Essay gehe es nicht um

---

[1] Berger a.a.O. S. 183f.

eine Stil-, Struktur- oder Kompositionsanalyse des Proustschen Werkes. Sie erwähnt das Buch von Ernst Robert Curtius und die Essays Benjamins und Günther Blöckers über Proust, sie wisse diesen ausgezeichneten Arbeiten nichts hinzuzufügen (ebd. 157). Ihr Anliegen, ihre Absicht würde sie als den Versuch einer neuen, anderen Lesart des Romans bezeichnen, der »das neue Inferno, die Höllenkreise, in denen Prousts Menschen, hier und jetzt verdammt, leben, darstellt« (ebd.). Auf diese Weise hofft sie, seinen Zyklus vom »Makel des Snobismus, des Ästhetizismus und des Klassizismus« zu befreien. Proust habe ursprünglich den Roman nicht »Auf der Suche nach der verlorenen Zeit«, sondern »Sodom und Gomorra« betiteln wollen. Hier gebe es Parallelen zu Baudelaire, der seine »Blumen des Bösen« ursprünglich unter dem Titel »Die Lesbierinnen« habe publizieren wollen. Bachmann zitiert auch Prousts Aufsatz »À Propos Baudelaire«, in dem er das Interesse Baudelaires für dieses Mysterium ihrer, d. h. der Frauen, besonderen Physiologie und Psychologie zu erklären sich bemüht und die gegen die Frau gerichteten Worte de Vignys wiedergibt: »›Die Frau wird in Gomorra sein und der Mann in Sodom.‹ Zumindest sind sie unversöhnliche Feinde, die er weit voneinander entfernt. ›Und sich verwirrte Blicke zuwerfend von fern, werden die beiden Geschlechter sterben, jedes auf seiner Seite. . .‹ Bei Baudelaire liegt der Fall keineswegs so« (W IV/157f.). Die »Autorin« versucht weiter, sich »den erschreckenden Wahrheiten, auf deren Suche« das Buch sei, zu nähern: Proust hat dieses »virulente« Thema nicht als erster Schriftsteller in den Griff genommen, seine Vorläufer von Saint-Simon über Balzac bis Zola hatten aber nicht die Form gefunden, ihren Gedanken zu diesem Thema künstlerische Gestalt zu geben. Nur Proust gelang es »durch die überzeugende Reinheit der Darstellung«, die künstlerischen Absichten vor dem »Beifall von der falschen Seite« zu erretten. Bachmann behauptet weiters, daß die Tatsache, daß Proust als erster »die beiden verfluchten Städte Sodom und Gomorra« betreten hatte, einfach von der Kritik »totgeschwiegen« worden sei (ebd. 158). Die Leser empfänden »Horror vor jeder Gegenüberstellung mit der Realität«, unsere Generation sei aber der Wahrheit, für die sich Prousts Werk eingesetzt hat, gewachsen. Das Motiv der beiden biblischen Städte durchwirke den ganzen Roman – bis zu der »schauerlichen Vision menschlichen Elends und Untergangs« im letzten Band: im ersten Weltkrieg findet das Werk seinen Höhepunkt, seine

Vollendung, und die Welt, die Proust schildert, ihren Untergang (W IV/159). Die Person des Barons de Charlus, des Großmeisters von Sodom, ist der Kristallisationspunkt für die weitverzweigten Konfigurationen der von Proust geschilderten Gesellschaft. Nun fragt sich Bachmann, warum die Welten von Proust zur Hälfte »mit Menschen wie Charlus und Morel, Jupien und Saint-Loup, und auf der anderen Seite mit Mademoiselle Vinteuil und deren Freundin, mit Albertine und Esther« bevölkert sind (ebd.). Sie meint, daß Proust nicht der Sinn nach Romantik, sondern nach Wahrheit stehe – er strebe keineswegs die Rechtfertigung und Verklärung eines griechischen Ideals an, sondern etwas anderes, und zwar die Darstellung der Inversion als einer Krankheit, einer pathologischen Erscheinung. Bachmann zitiert die Tagebücher Prousts, in denen er von der Unmöglichkeit schreibt, Sodom zu idealisieren. Das Schicksal der Invertierten ist für ihn nur ein Beispiel – »ein besonders deutliches Beispiel« eines »gehetzten, umstellten Menschen«, des »homme traqué«. Darin äußert sich für ihn die latente Revolte des Einzelnen gegen die Gesellschaft, und diese Auseinandersetzung zwischen dem Individuum und der Gesellschaft ermöglicht es dem Leser Prousts, sich mit seinen Menschen zu identifizieren, so wie die Menschen Dostojewskijs für uns die Leidenden und Liebenden sind (ebd. 160f.). Die Gestalten Prousts führen ihr Leben in »lebenslänglicher Unruhe und Furcht« – »es ist eine Geschichte der Lüge, des Verbergens und der Hypokrisie«. Baron de Charlus wird erst verständlich, man kann erst seine Persönlichkeit begreifen, wenn man die »dauernden Verdrängungen seiner Leidenschaft« in Betracht zieht. Er kann nur sekundenlang die Maske ablegen und sein wahres Gesicht zeigen, dann muß er »zitternd vor Angst« sich wieder maskieren, verstellen. Baron de Charlus verkörpert nur eine Seite dieses Infernos, die »dämonisierte« Sphäre des Proustschen Werkes, die andere, gewöhnliche beherrscht den ganzen Roman – es ist »die Idee von der vergeblichen Suche des Menschen nach Freuden« (plaisirs) (ebd. 162). Die Helden Prousts, die sich auf der Suche nach dem Glück verzehren, die Invertierten, beweisen uns die »Unmöglichkeit« unseres Begehrens. Bachmann zitiert die »Cahiers« Prousts, in denen er seine Auffassung von der Liebe dieser Menschen äußert: »...wieviel größer ist dann ihr Glück als das Glück normaler verliebter! Sie wissen, die üblichen Glücksfälle der Liebe scheiden für sie aus; deshalb fühlen sie, daß diese Liebe nicht wie die andere die Ausgeburt eines Augenblicks, nicht die Laune einer Minute ist, sondern tiefer im Leben wurzelt [. . .]. Diese Liebe [. . .] ist mehr als die andere Liebe, ist die wahre Liebe« (ebd. 162). Diese »wahre« Liebe ist aber für Proust mit Leiden verbunden, seine Darstellungen der Liebe sind nicht »klassisch« oder »romantisch«. Er hat ihr Phänomen »vivifiziert«, detailliert als Wissenschaftler untersucht. Die Proustsche Entdeckung ist: die Liebe als »Katastrophe und Verhängnis«, - eine tragische Auffassung. Proust versteht und begreift die Liebe als einen Zustand, eine Krankheit, die die betroffene Person ergreift, in Besitz nimmt. Die Tiefe des Gefühls und die Dauer der Leidenschaft sind bei ihm nie vom Wert der geliebten Frau oder des geliebten Mannes abhängig. »Alle Liebenden bei Proust lieben eigentlich Menschen, die ihrer nicht würdig sind und oft tief unter ihnen stehen« (ebd. 163). Das Gesetz dieser Liebe ist grausam, sie ist glücklos, wie »ein Räderwerk von Angst, Eifersucht und Lüge und [. . .] Schmerz, den Tod und Abwesenheit noch nicht zu heilen vermögen« (ebd.). Sie erlischt nur mit dem Vergessen, das die Gleichgültigkeit schafft. Nach Bachmann resultiert diese tragische Auffassung der Liebe, die »Übertragungen«, die Proust in seinem Roman unternommen hatte, aus seinen eigenen Erfahrungen. Diese permanente Hölle, alle Foltern werden nur durch Momente des Glücks, der mystischen Kontemplation unterbrochen (wenn der Erzähler die schlafende Albertine zum Objekt der Versenkung wählt). Der andere Aspekt des Proustschen Werkes bildet nach Bachmann »die Allianz von erniedrigender Leidenschaft und Kunst«, die wieder auf seine Idee der Liebe als Illusion und Selbstbetrug zurückführt, die die produktiven Kräfte in einem Menschen freizumachen imstande ist (ebd. 164ff.). Faszinierend ist für sie auch sein Studium der Gesellschaft als Krieg »aller gegen alle«, der seinen Ausdruck im alles beherschenden Snobismus findet. Proust entlarvt alle, schont niemanden, von der Herzogin bis zur Köchin, vom Arzt zum Literaten. Seine Schlußfolgerungen haben nach Bachmann allgemeine Gültigkeit - er ist ein großer Gesellschaftskritiker, obwohl er es nie ausdrücklich betont, und man ihm Vorwürfe gemacht hat, er sei politisch und gesellschaftlich desinteressiert. Seinen Roman kann man somit als »eine Gesamtschau der ›conditio humana‹« ansehen (ebd. 167). Im zweiten Teil ihres Essays macht die Autorin auf den anderen Aspekt des Proustschen Werkes aufmerksam, auf den zweiten »unterirdischen« Strom, der mit dem ersten, schon angedeuteten, am Ende des Romans zusammenfließt und zu einer Bilanz im letzten Band, in der »Wiedergefundenen Zeit«, hinführt. Es geht hier um den Krieg, den Ersten Weltkrieg, der die Schauplätze des Romans stigmatisiert und verändert hat, der die Sprache der Romanfiguren entstellt, zerstört, sie sich auf die »neue« Sprache einstellen läßt. Bachmann zitiert den Brief von Saint-Loup an den Erzähler, in dem er seine Fronterlebnisse schildert und der exemplarisch dasteht für eine Haltung zwischen »allen Varianten von Ansichten [. . .], von der blinden Germanophilie bis zum blinden Deutschenhaß [. . .]« (ebd. 169). Im letzten Teil des Romans, unter dem Einfluß der kriegerischen Katastrophe, registriert Proust »in dieser hektischen krankhaften Atmosphäre die Entgleisungen der Menschen, der Klassen und Nationen« (ebd. 171). Erst von diesem tragischen Schluß des Romans gesehen, bekommt das Ganze die endgültigen Akzente. Wie ein positivistischer Wissenschaftler untersucht Proust »die Welt mörderischer Triebe« (ebd. 173) in ihrer grausamen, sinnlosen Alltäglichkeit, und wird dabei menschenfeindlich. Der Krieg verleiht dem Buch seine »Einmaligkeit«, das »Ozeanische«, »Befremdende«. Die Nacht, die der Erzähler in einem Bordell verbringt, in dessen Besitzer er seinen alten Hausmeister Jupien erkennt, bildet »den innersten Höllenkreis«, ein »Schauerstück menschlichen Elends und Verdammtheit« (ebd. 174). Diese Szene steht allegorisch für den »allgemeinen Irrsinn«, »für das große Pandämonium das kleine«. Bachmann meint, wenn man diesen Roman heute, nach den Erfahrungen des Zweiten Weltkrieges, liest, scheint er in seiner Denkweise der Prophetie überlegen zu sein. In der Welt Marcel Prousts kommt kein Licht von oben - er gibt nur die genaue Bestandsaufnahme, wie ein Positivist, wieder, dabei hat sein Werk mehr »vom Mysterium des Menschen und der Dinge zutage gebracht als Unternehmungen mit höheren Aspirationen« (ebd. 174f.). Die Feststellung des Unvermögens, in der Flüchtigkeit des Lebens einen »festen Punkt zu finden, eine Idee, von der her es geleitet werden könnte«, wird zu der Botschaft, die Proust allen bringt. Er mußte alles, die Menschen und die Dinge, der Wahrheit preisgeben, den Willen zur Ausführung seines Werkes fand er, wie Bachmann glaubt, darin, daß er die Zeit in ihrem Ablauf, in der Annäherung an den Tod, begriffen hatte (ebd. 176ff.). Die Eigentümlichkeit dieses Buches besteht für uns in seiner »erschreckenden Offenheit«, die uns ermöglicht, »in jeden Ablauf von Liebe, Eifersucht und Lüge, Ehrgeiz und Enttäuschung« einzutreten (ebd. 178). Aus diesem Grund kann man Proust »frei« lesen, man kann in ihm immer wieder neue Aspekte entdecken, ihn »als Gesellschaftskritiker, als Theoretiker der Kunst, als Philosophen« und vor allem als Schöpfer von Menschen, die uns nah stehen, in verschiedenem Licht erblicken. Er ist für Bachmann Positivist und Mystiker, der das Absolute in der Kunst zu finden und zu gestalten glaubte, er ist der Einsame, der »fastend und unter Schmerzen arbeitend«, zu einem Mehr an Wahrheit gekommen ist (ebd. 179f.).[2] Der moderne deutsche Essay wird oft dadurch charakterisiert, daß man in ihm nicht nur »gewöhnliche« Kritik, sondern auch »Lebenskritik« erblickt. Die Tradition reicht in die Vergangenheit, ins Zeitalter Montaignes, Bacons und anderer »Essai-Autoren« zurück; im 20. Jahrhundert aber hat dieser Begriff an neuer Bedeutung gewonnen. In den Essays von Ernst Robert Curtius findet man die Charakteristik der Aufgaben, die er der Kritik und den Kritikern stellt. In dem Aufsatz über André Suarèz (1866-1953) befaßt sich Curtius damit:

> Für die Geschichte des modernen Geistes ist eigentümlich bezeichnend die Entwicklung, in der die literarische Kritik sich ausgeweitet und vertieft hat zu einer Kritik höheren Grades, die man Lebenskritik nennen könnte und deren Form der moderne Essay ist. Kritik bedeutet hier nicht mehr ein Beurteilen künstlerischer Werke nach feststehenden Geschmacksregeln, sondern ein Einordnen der Werke, Gestalten, Ereignisse in die eigene Lebensbewegtheit des Betrachters, eine lebendige Gegenwirkung des Geistes auf seine Gegenstände, eine Nötigung, ihren Lebenswert zu klären und festzuhalten. Die Literaturbetrachtung wird Lebenskritik in dem Moment, wo sie den Standpunkt des geniessenden oder tadelnden Lesers vertauscht mit dem umfassenderen des lebenden, wollenden, handelnden Menschen, der sich als eine einheitliche Gesamtheit verschiedenster Kräfte weiss, um sich mit ihr, bestimmend und bestimmt, in die schöpferische Bewegtheit des Lebens einzufügen. [. . .] Diese Betrachtung von Kunst und Leben Kritik zu nennen, ist historisch berechtigt, weil sie sich an der Beurteilung literarischer Werke entwickelt hat. Sachlich ist es ein Notbehelf. Denn die moderne Lebenskritik ist etwas wesentlich anderes als die herkömmliche Literaturkritik.[3]

---

[2] Vgl. den Aufsatz von Regine K. Solibakke, a.a.O., in dem dieser Essay Bachmanns als Vorstufe zu ihrem Romanzyklus »Todesarten« dargestellt wird; auch Kurt Bartsch, a.a.O., erwähnt diesen Essay als für die Bachmannsche Ästhetik typische Erscheinung.

[3] Ernst Robert Curtius: Die literarischen Wegbereiter des neuen Frankreich. Potsdam; Kiepenheuer 1923, S. 183f.

Diese Sätze charakterisieren die »kritischen« Schriften Bachmanns in ihrer ganzen Subjektivität und in ihrer eigentümlichen Methode der »Beschwörung«, wie ein Literaturwissenschaftler ihre Essays genannt hatte.[4] Curtius hatte bei dieser Gelegenheit nicht nur über Suarèz gesprochen, er meinte die europäische Situation überhaupt. Sein Buch »Die literarischen Wegbereiter des neuen Frankreich« (1919) hatte nach seinem Erscheinen einen außerordentlichen Erfolg, wurde »verschlungen, diskutiert, [. . .], weil hier ein Gelehrter durch die Literaturbetrachtung selbst Anlässe zur Lebenskritik gab und Literatur als Lebenshilfe anbot«.[5] Die deutsche Fachwelt hat die Arbeit Curtius' eher »kritisch«, mit Mißtrauen betrachtet, was der Autor selber in der Neuausgabe aus dem Jahre 1952 bemerkt: er habe in dem Buch die Grenzüberschreitung essayistischer Art gewagt, die für einen Ordinarius damaliger Zeit ungewöhnlich, fast unerhört erschien.[6] Curtius hatte den Essay immer ernst genommen und geschätzt. Die Bezeichnung »Lebenskritik«, von der eben gesprochen wurde, kann man aber nicht nur auf die literarische Tätigkeit der »Kritiker« anwenden; Adorno schrieb über das Werk Prousts »bei der Gelegenheit« seiner Äußerungen zum Essay:

> Die einfachste Besinnung aufs Bewußtseinsleben könnte darüber belehren, wie wenig Erkenntnisse, die keineswegs unverbindliche Ahnungen sind, allesamt vom szientifischen Netz sich einfangen lassen. Das Werk Marcel Prousts, dem so wenig wie Bergson am wissenschaftlich-postivistischen Element mangelt, ist ein einziger Versuch, notwendige und zwingende Erkenntnisse über Menschen und soziale Zusammenhänge auszusprechen, die nicht ohne weiteres von der Wissenschaft eingeholt werden können, während doch ihr Anspruch auf Objektivität weder gemindert noch der vagen Plausibilität ausgeliefert würde. Das Maß solcher Objektivität ist nicht die Verifizierung behaupteter Thesen [. . .], sondern die in Hoffnung und Desillusion zusammengehaltene einzelmenschliche Erfahrung (Adorno 15).

Die Affinitäten Prousts zur Philosophie Henri Bergsons lassen sich nicht bestreiten; diese als »Lebensphilosophie« bezeichnete Weltan-

---

[4] Vgl. Ulrich Thiem: Die Bildsprache der Lyrik Ingeborg Bachmanns. Diss. Köln 1972: »[. . .] Über weite Strecken dominiert die Sprachgebärde der Beschwörung; die Dichtung wird kaum in ihren Erscheinungsformen und ihrer Problematik Gegenstand von Untersuchungen [. . .]. Die Essays der Autorin sind vor allem als Selbstzeugnisse von Bedeutung.« S. 201.

[5] Berger, a.a.O., S. 87.

[6] Ernst Robert Curtius: Französischer Geist im 20. Jahrhundert. Bern: Francke 1952, S. 276.

schauung hat man als »unwissenschaftlich« enthusiastisch aufgenommen, andererseits stieß sie auf Ablehnung.

Der Proust-Essay von Ernst Robert Curtius ist 1925, also drei Jahrzehnte vor dem Radio-Essay Bachmanns, entstanden. Der Autor kannte sogar die letzten Teile des Romans »Albertine disparue« (1925) und »Le temps retrouvé« (1927) nicht, auf die sich Bachmann konzentrierte. Die Studie von Curtius ist umfangreicher als ihr Radio-Essay, es ist fast ein Essay in »Buchform«, von dem Teile, die dem Proustschen Stil gewidmet sind, in der von T. S. Eliot herausgegebenen Zeitschrift »The Criterion« (1924) veröffentlicht wurden. Curtius hat mit seinem Buch als erster Krititer in Deutschland den Lesern das Werk Prousts vorgestellt, und als solche »Einführung« ist es auch konzipiert. Die Absichten Curtius' und Bachmanns waren also verschieden. Bachmann schrieb ihren Essay aus den Positionen einer Generation, die den Zweiten Weltkrieg und den Gesinnungswandel danach erlebt hatte. Sie wollte »andere«, bisher verschwiegene Aspekte des Proustschen Werkes ins Licht rücken, auch die Probleme beleuchten, die zu ihrem Interessenkreis gehörten; sie selber als tätige Schriftstellerin hat die Literaturkritik nicht als primäre Aufgabe, als Beruf betrachtet, in ihrem Falle könnte man, wie im Falle von T. S. Eliot, den Curtius zum Freunde gewonnen hatte, behaupten, daß ihre Essays als die Vervollständigung ihres Schaffens gelten können. Ihre Autorität erwächst aus ihrem »dichterischen« Beruf und Berufung. Bei Curtius liegen die Akzente anders, er war Romanistik-Professor, also primär ein Theoretiker, der sich um Vermittlung zwischen der Welt der Literatur und dem Publikum bemühte.

Marcel Proust war in den zwanziger Jahren (nicht nur in Deutschland) fast ausschließlich im engen Kreis der Kenner bekannt und als eine literarische Größe anerkannt - daher wollte Curtius ihn mit seinem Buch als Autor neben die schon geschätzten »alten« und auch »neueren« Meister stellen und ihn den deutschen Lesern näher bringen. Er leistet damit eine »Pionierarbeit«:

> Wie lange hat ein Stendhal, ein Balzac, ein Flaubert auf das Verstehen warten müssen! Marcel Proust - und warum soll ich nicht gleich meine Überzeugung aussprechen, daß sein Name in Zukunft mit diesen drei großen Namen genannt werden wird? - hat ein besseres Schicksal gekannt. Der Ruhm, der helle, vielstimmige Ruhm hat ihn nach kurzer Frist gegrüßt, hat dem leidenden und sterbenden Manne noch den vollen,

immer stärker anschwellenden Chor der Bewunderung, des Dankes, der Freude gesungen.[7]

Die ganze Arbeit, das ganze Buch hat Curtius in achtzehn Abschnitte geteilt, die jeweils ein Problem näher beleuchten; bei Gelegenheit des zweiten Abschnitts, »Die Aufgabe des Kritikers«, hat er seine Theorie der Kritik dargelegt, die man den »kritischen Platonismus« genannt hatte: »Nur aus der sogenannten Sammlung und Vergleichung solcher Einzelzüge [der Erscheinungsweisen der seelischen Wirklichkeit des Autors] kann in immer erneuter und ausgeweiteter Betrachtung und Besinnung das Gesamtbild erarbeitet, kann die Intuition geklärt werden. Alle echte Kritik geht diesen Weg. Proust selbst beschreibt ihn in seinem Ruskin-Essay.«[8] Curtius glaubt, »daß alle wahre Kritik damit anhebt, die seelischen Formelemente eines Autors - nicht seine Meinungen, nicht seine Gefühle - zu ermitteln. Solche Kritik kann nicht erlernt werden. [. . .] Kritische Begabung ist nichts anderes als die Fähigkeit, von solchen Einzelzügen frappiert zu werden. Wenn das Philosophieren im Staunen wurzelt, so ist es die Voraussetzung aller Kritik, daß dem Kritiker bestimmte Dinge auffallen«.[9] Als Bekräftigung seiner These zitiert Curtius Proust selbst, seinen »Kernsatz«: »Je conçois pourtant que le critique devrait ensuite aller plus loin. Il essayerait de reconstituer ce que pouvait être la singulière vie spirituelle d'un écrivain hanté de réalités si spéciales.«[10] Curtius hat von Proust die Ansicht übernommen, nach der der Sinn des Kunstwerkes darin bestehe, »eine neue geistige Lebenssphäre zu eröffnen«: »Phänomen und Begriff der Kunst wurzeln also letzten Endes in einem metaphysischen Grunde« - das Kunstwerk ist »ein Fenster, durch das uns eine neue Aussicht eröffnet wird: der Blick auf eine bisher unbekannte Landschaft«.[11] Er prägt auch die »heroische« Definition der künstlerischen Berufung - »Der Künstler wird triebhaft genötigt, dem Drang des Schauens alle übrigen Lebensinhalte, ja unter Umständen sein Leben selbst zu opfern«. Das Leben ist für einen solchen Künstler nur »das unentbehrliche Organ der Anschauung«. Er wird zum Op-

[7] Ernst Robert Curtius: Marcel Proust. Frankfurt a. Main: Suhrkamp 1973 (Bibliothek Suhrkamp; Bd. 28), S. 10.
[8] ebd. S. 13.
[9] ebd. S. 14.
[10] ebd.
[11] ebd.

fer eigenen Schaffens, darin liegt auch seine Moralität. Die Kunst ist das Ergebnis einer spezifischen Erkenntnis, ist ihre Ausdrucksform, denn: »Alle Kunst ist Erkenntnis«.[12] Das bezieht sich vor allem auf das Werk Prousts. Die Motive des Proustschen Schaffens sind die grundlegenden Fragen, die er z. B. in seinem Ruskin-Essay aufgeworfen hatte - sie betreffen den Sinn der Kunst und die Funktion des Künstlers. Diese Thesen erinnern an die Äußerungen Bachmanns, welche sie in ihren Poetik-Vorlesungen formuliert hatte: nach ihrer Auffassung sollte die Kunst, der Künstler, der Schriftsteller immer nach Erkenntnis, nach der Wahrheit suchen. Die Intellektualität Prousts dient auch nur einem Ziel - der Erkenntnis, es ist »erkennendes Leben, lebendes Erkennen«, so Curtius.[13] Die Kunst bildet eine »Form des universalen Weltbegreifens«: wie der Maler Elstir hat auch Proust sich von diesem inneren Drang leiten lassen (das künstlerische Schaffen ist ein Nachbilden, an eine Gegenständlichkeit gebunden).[14] In den weiteren Abschnitten des Essays variiert Curtius dieses grundlegende, »fundamentale« Thema, das er konsequent bis zum letzten Fragment über den Platonismus Prousts entwickelt. Die Form dieses Essays erinnert an ein Thema mit Variationen. Die Musik, die dem Autor der »Suche. . .« unentbehrlich zum Leben war, scheint auch Curtius innerlich, mit ihren Strukturgesetzen inspiriert zu haben. Im vierten Abschnitt »Die Musik« vergleicht er Gesetze des künstlerischen Schaffens im allgemeinen mit denen der Musik.

Für Proust ist die Musik die Sphäre, »in der sich das Wesen des Geistes am reinsten offenbart«. Auf ihr Ausdruckssystem greift er zurück, um seine »Deutung des Lebens zu präzisieren«. Die Musik in Prousts Roman ist »wie der Mikrokosmos im Makrokosmos« - er »komponierte« auch eigene Musik, die »Violinsonate« und das »Septett von Vinteuil«, für ihn sind sie wie die Menschen, sie haben eigene Existenz (»Swann n'avait pas tort de croire que la phrase de la sonate existât réellement«).[15] Dank dem Musiker, Komponisten haben diese Existenzen Möglichkeit, den »geistigen« Ort, den sie bewohnen, zu verlassen und sich uns zu nähern: »La musique de Vinteuil étendait, notes par notes, touches par touches, les colora-

---

[12] ebd. S. 15ff.
[13] ebd. S. 16.
[14] ebd. S. 19f.
[15] ebd. S. 20.

tions inconnues d'un univers inestimable, insoupçonné, fragmenté par les lacunes que laissaient entre elles les auditions de son œuvre«.[16] Die alltägliche Sprache ist gefesselt durch soziale Konventionen, praktischen Zwecken gewidmet, die Musik befreit von diesen Fesseln, ist »das einzige uns noch zugängliche Beispiel einer Verständigung von Seele zu Seele, die durch die Erfindung der Sprache, durch Wort und Begriff, verdrängt worden ist«.[17] So treffen die Sprachkritiken Curtius' und Bachmanns in der Apotheose der Musik zusammen.

Mit dem Platonismus Prousts, den Curtius betont, ist auch seine »Kritik« des Lebens und der Liebe verbunden, sein Werk ist von der Trauer, Melancholie durchtränkt, weil alles »sich in der Zeit verwirklicht« (und vergänglich ist). Proust versucht deswegen aus dem Vergänglichen in das Dauernde, aus der Welt des Werdens in die des ruhenden Seins hinüberzutreten.[18] Er litt an der Zeitlichkeit des Lebens und sollte sich in der »Recherche du temps perdu« auf der Suche nach dem Sein sehnsüchtig verzehren. Dieses Motiv, wie Curtius schreibt, ist schon zu Beginn des Romans gegenwärtig. Die große berühmte Erinnerunsszene in »Du côté de chez Swann« ist ein Überflutetwerden von einer höheren Wirklichkeit, von Kraft und Freude«.[19] Dieser Erfahrung, der Erfüllung, die die Liebe bringt, vergleichbar, ist das einzig Glückbringende bei Proust. Das, was Bachmann als das Leitmotiv des Proustschen Werkes fand, betont allerdings auch Curtius: die Liebe ist für Proust zugleich eine Krankheit, eine Illusion, ein Leiden. Curtius meint, es scheine, als ob Proust nur um der tiefen Unzulänglichkeit der Liebe willen seine »Suche nach der verlorenen Zeit« unternommen habe. Bachmann erklärt diesen Liebespessimismus bei Proust anders. Die Ursache liege bei ihm in den Spannungen, äußeren und inneren, durch die Gesellschaft, in der er lebte, bewirkt. Für Curtius ist das Scheitern der Liebenden in seinem Roman durch ihre Selbstsucht, ihr egoistisches Verlangen nach der Lust, auch nach dem Besitz des Menschen, den man als Objekt der Gefühle erwählt hatte, verursacht. Für ihn schildert Proust eben keine Liebe, sondern ihre Abirrung, die Ursache dafür ist »die Tragik der Individuation, die als unüber-

[16] ebd. S. 21f.
[17] ebd. S. 23.
[18] ebd. S. 118.
[19] ebd. S. 119.

steigbares Hindernis« der Erfüllung im Wege steht. – »Le monde des astres est moins difficile à connaître que les actions réelles des êtres, surtout des êtres que nous aimons.«[20] Die Gestalten Prousts, dem Solipsismus verfallen, sind durch ihre Individualität wie von einer gläsernen Wand von den anderen Menschen getrennt, als Rettung bleibt ihnen der Weg nach innen, die Spiritualisierung der Wirklichkeit durch die Kunst. Die Kunst ihrerseits kann nur in der Abgeschiedenheit des inneren Seelenraumes entstehen und gedeihen. Im Leben kann sich ein Individuum nicht verwirklichen. Die einzige Möglichkeit, dieses Unsagbare zu vergegenständlichen, ist die Kunst.[21] Bei Proust erscheint jede Erfahrung, die uns die Kunst gibt, auch als »Symbol« einer echten Seinserfassung: »Es gibt ein verpflichtendes Sollen, es gibt Forderungen der Schönheit, der Güte, des Seelenadels, die wir nicht überhören können und die doch, vom bloßen Leben her gesehen, völlig unbegreiflich sind. Stammen sie aus jenem verlorenen Vaterland, das die Heimat der großen Kunst ist? Sind sie wie diese zu deuten – als Erinnerung an eine andere Existenz, als Vordeutung auf eine kommende?«[22] Nach Curtius sind es die transzendenten Motive des Platonismus, die die geistige Welt Prousts konstituieren. Diese platonischen Elemente verbinden sich bei ihm mit den letzten Fragen des Todes und der Unsterblichkeit. Der Tod ist für ihn vielleicht »die bedeutungsvollste jener Bewußtseinsverschiebungen«, die er in seinem Roman darstellt, denn »die Beleuchtung in Prousts Werk ist die der letzten Abendstunde«.[23] Die Aura der Proustschen Kunst ist die Sphäre der platonischen Anamnesis. Aus der Erinnerung an die verlorenen Lebensinhalte, aus dem Psychologischen dringt er in das Metaphysische hinein. Dieser Platonismus ist eine »Grenzperspektive«, wie sie Curtius auch für Baudelaire in Anspruch nimmt: »Aber in den Fleurs du Mal wie in À la recherche du temps perdu ist sie es, welche die scheinbar so widerstreitenden Elemente bindet: den tragischen oder grotesken Realismus des Details, das Abstoßende und das Überfeinerte, den Luxus und das Laster, den Geschichtsmoder einer gealterten Kultur und den Ewigkeitshauch der geistigen Schönheit«[24] – die Spiritualität.

---

[20] ebd. S. 121.
[21] ebd. S. 125.
[22] ebd. S. 127.
[23] ebd. S. 128 u. 130.
[24] ebd. S. 132.

Dieser geniale Essay beleuchtet die Vielfalt der Aspekte des Romans Prousts durch das Prisma des »seelischen« Lichtes. Curtius tut es in ausgewogenen Sätzen, er zitiert viel, weil er glaubt, daß die Zitate erst seine Thesen richtig unterstützen können. Darin äußert sich sein Streben nach Authentizität. Über verschiedene Aspekte des Romans meditiert er in den Abschnitten, die »Intuition und Ausdruck«, »Vergänglichkeit und Erinnerung«, »Relativismus«, »Zeit und Raum«, »Kunst und Leben« überschrieben sind. Es findet sich dabei auch eine Stilbetrachtung: eine »Fliederstudie«, die die »Nuancen der Sprache« Prousts, seinen Satzrhythmus und seine Präzision analysiert, aber auch die »soziologischen Grundlagen«, die kontemplative Haltung und die Sensibilität des Schriftstellers begreifen will. Curtius hatte, wie es schon bemerkt wurde, als erster Kritiker auf die wichtigsten Motive des Werkes von Marcel Proust aufmerksam gemacht und als erster den französischen Autor gewürdigt. Bachmann wußte ihrerseits diesen genialen Kritiker zu schätzen, indem sie ihn in den Frankfurter Vorlesungen als einen der besten und klügsten deutschen Literaturwissenschaftler des 20. Jahrhunders würdigt (vgl. W IV/266f.). Curtius studierte vor dem ersten Weltkrieg Romanistik in Straßburg, und in dieser spezifischen Atmosphäre, die dort nach dem Jahre 1870 entstanden war, konnte er »the nationalistic rancors and mutual incomprehensions that divided France and Germany in the years before Word War One«,[25] beobachten. Sein Programm war deswegen, zwischen den Intellektuellen der beiden Länder zu vermitteln, und das tat er auch in seinen Studien und Essays zur französischen Literatur: nach dem Krieg erschienen seine Balzac-Studie (1923) und der Proust-Essay (1925). Seine jahrelange Freundschaft mit Friedrich Gundolf führte zu der vorübergehenden Verbindung mit Stefan George. Der Dichter äußerte sich jedoch zu dem Buch von Curtius »Die literarischen Wegbereiter des neuen Frankreich« (1919): »Das ist so schief, daß es von einem Franzosen sein könnte«,[26] was als eine Ablehnung des »Meisters« und nicht als ein Kompliment anzusehen war. Diese »kritische« Methode Curtius', die so wenig

---

[25] In: E. R. Curtius: Essays on European Literature. Introduction by Michael Kowal. Princeton: Univ. Press 1973, S. 12.

[26] Siehe Arthur R. Evans, Jr.: Ernst Robert Curtius. In: On four modern Humanists, Hofmannsthal, Gundolf, Curtius, Kantorowicz. Ed. by Arthur R. Evans, Jr. Princeton 1970, S. 96.

George gefallen hatte, sollte vor allem in der Liebe zum Detail (er hatte wie Benjamin den Satz von Aby Warburg »Der liebe Gott wohnt im Detail« als sein Motto gewählt),[27] in seinem konkreten historischen Wissen und in der Abneigung gegen spekulative Konstruktionen liegen. Curtius betonte immer die Rolle der Intuition, die in seiner Theorie der Kritik so wichtig war. Der Prozeß des »literarischen Richtens« beruhte für ihn nicht auf der Analyse, sondern auf der Synthese, auf der Konstituierung der Einheit des literarischen Werkes, um die Konfigurationen und Motive in ihm aufzuzeigen. In seinem »Kritizismus« sah er auch eine Lebenshaltung, die für einen Kritiker die Sinngebung des Lebens bedeutet.[28] Die Prosa dieses Essayisten weist charakteristische Merkmale der »echten« Essayistik auf, sie ist elegant, konzentriert, durchsichtig und ironisch, oft auch aphoristisch, bringt immer sichere Wertung und versucht, den Gegenstand der Untersuchung von allen Seiten umkreisend, ihn in seiner Ganzheit zu erfassen. Er verkörpert den Typus des klassischen Humanisten.

Walter Benjamin, der seinen Proust-Aufsatz im Jahre 1929 publiziert hatte, soll, wie sein Freund Scholem über ihn schrieb, von der Welt des Kindes und von der schöpferischen Phantasie der Bücher der Geisteskranken fasziniert gewesen sein. Das Werk Prousts war für Benjamin der Ort, »wo die Welt des Erwachsenen und die des Kindes sich am vollkommensten ineinander verschränken«.[29] Im Falle von Kafka und Proust war er von einem ihm wahlverwandten Impuls angesprochen. Er hat den beiden Autoren Jahre intensiven Nachdenkens gewidmet. »Zum Bilde Prousts« von Benjamin (erstveröffentlicht in »Die literarische Welt« vom 21., 28.6 und 5.7.1929) entstand vier Jahre später als Curtius' Essay, also schon nach dem Erscheinen der ganzen »Recherche. . .«. Die Form des Aufsatzes, seine Dreiteilung muß daher stammen, daß der Text in den drei

---

[27] Kowal a.a.O. S. 13.

[28] Vgl. z.B. den Brief an Max Rychner (1927). In: Curtius: Essays. . . a.a.O., S. 13: »I have a nervous need for independence like an unruly nag. I want to be free to bathe in the Neckar on bright summer nights or to see friends, even if a thousand gatherings or congresses are meeting that evening. [. . .] The world is not to be historically understood but to be lovingly apprehended. The cosmos or the mind is, for me, not a museum but a garden in which I wander [. . .]«.

[29] Gershom Scholem: Walter Benjamin. In: Über Walter Benjamin. Mit Beiträgen von Th. W. Adorno, Ernst Bloch, Max Rychner u.a. Frankfurt a. Main: Suhrkamp 1968 (= edition suhrkamp 250), S. 136.

Nummern der oben erwähnten Zeitschrift gedruckt wurde. Walter Benjamin gilt als der größte Essayist des 20. Jahrhunderts. Er wurde vor allem von seinem Freund Adorno gewürdigt: »Er [Benjamin] versenkt sich in die Realität wie in einen Palimpsest. Interpretation, Übersetzung, Kritik sind die Schemata seines Denkens. Die Mauer der Worte, die er abklopft, gewährt dem obdachlosen Gedanken Autorität und Schutz; gelegentlich sprach er von seiner Methode als einer Parodie der philologischen. Auch dabei ist ein theologisches Modell, die Tradition der jüdischen, zumal mystischen Bibelauslegung nicht zu verkennen«.[30] Paradox erscheint dabei, daß dieser größte deutsche Essayist wenige klassische Essays verfaßt hat, er hat sich wenig um die Etikettierung seiner Prosastücke gekümmert. Über den meisten Arbeiten Benjamins lag Trauer, nur wenigen Texten, wie denen über Walser oder Proust, ist dieses Mal erspart geblieben.[31] Der Benjaminsche Essay ist »ein musisches Gebilde«. In der »Einbahnstraße« gibt es Passagen über den Traktat, der im Falle Benjamins als eine synonym verwendete Bezeichnung für den Essay verstanden werden soll. Der Begriff des Essays auf Benjamin angewandt, muß erweitert, modifiziert werden.[32]

Die Einbildungskraft, aphorismenhaftes Denken, Metapher und die allegorische Bildlichkeit sind die Kristallisationspunkte seines Schaffens. Das Hauptmotiv seines Schreibens ist Erlösung.[33] Seine Schriften verkörpern das Ideal Schellings, die »erzählende Philosophie« - »unter dem Blick der Erinnerung verwandelt sich seine Philosophie in Dichtung«.[34] Er war aber auch Metaphysiker, »Esoteriker«, seine Essays müssen meditiert, nicht »gelesen« werden. In dem Aufsatz »Die Aufgabe des Übersetzers« (1923), dem Vorwort

---

[30] Theodor W. Adorno: Einleitung zu Benjamins »Schriften«. In: ders.: Noten zur Literatur, a.a.O., S. 573.

[31] Vgl. Dieter Bachmann, a.a.O., S. 119.

[32] ebd. S. 121.

[33] Vgl. Hans Heinz Holz: Prismatisches Denken. In: Über Walter Benjamin, a.a.O., S. 62-110. Wie Holz behauptet, scheint Benjamin im Widerspruch zur klassischen Philosophie zu stehen, er sei dafür Platon und Leibniz näher: »Er [Benjamin] sagt nämlich: ›Methode ist Umweg‹. [. . .] Gerade der Umweg konzentriert sich [. . .], auf einen Mittelpunkt. Das berühmte Leibnizsche Gleichnis von dem Wanderer, der sich einer Stadt nähert und sie in einer bestimmten Perspektive sieht, wird hier exakt genommen: der Wanderer umwandert die Stadt, um die Vielzahl ihrer Perspektiven in den Blick zu bekommen«, S. 67f.

[34] Scholem a.a.O. S. 137.

zu seiner Übersetzung von Baudelaires »Tableaux Parisiens«, schrieb er: »Man kann doch in einer kritischen Analyse oft Dinge sagen, die man synthetisch noch nicht darzustellen wüßte«.[35] Sehr charakteristisch für die Auffassung der Aufgabe der Kritik, die auch der von Curtius ähnlich ist, ist der Platonismus Benjamins: »Kritik ist [. . .] Darstellung einer Idee. Ihre intensive Unendlichkeit kennzeichnet die Ideen als Monaden. [. . .] Die Aufgabe der Interpretation von Kunstwerken ist: das creatürliche Leben in der Idee zu versammeln. Festzustellen«.[36]

Sehr wichtig war Benjamin die Beziehung zur Sprache, für ihn war nur in der Sprache die Wahrheit zu finden. Auch die Übersetzung hatte er als »Organon der Erkenntnis« angesehen; sehr oft betont man die theologische Fundierung seines Sprachmodells. Hier gäbe es Affinitäten zur Sprachauffassung Bachmanns (ihrerseits auf Wittgenstein und auf Heidegger gestützt). Sprachkraft als schöpferische Kraft, Kontemplation, Blick als Werkzeug – es sind Elemente, die ebenfalls Ernst Robert Curtius aus dem Werk Prousts »abdestilliert« hatte. Der Text Benjamins »Der Baum und die Sprache« stehe z. B. auf dem »Kreuzweg von Magie und Positivismus«.[37] Das Bild des Baumes ist hier als Metapher der Sprache zu begreifen. Nach diesen allgemeinen Bemerkungen, die Benjamin als »erzählenden Philosophen« charakterisiert haben und seine geistige Verwandtschaft mit Proust, nicht nur als sein Übersetzer, betont haben, kommt sein Essay über Proust in den Blick. Der erste Absatz dieses Essays beginnt mit dem Satz, der gleichsam den ganzen Um-

---

[35] Dieter Bachmann a.a.O. S. 109.

[36] ebd. S. 110f. Das Zitat stammt aus einem Brief Benjamins von 1923 an den Freund Florens Christian Rang. Seine Skepsis gegenüber der Literaturgeschichte formuliert Benjamin in den folgenden Sätzen: »Die ganze Unternehmung ruft für den, der in Dingen der Dichtung zuhause ist, den unheimlichen Eindruck hervor, es käme in ihr schönes festes Haus mit dem Vorgehen, seine Schätze und Herrlichkeiten bewundern zu wollen, mit schweren Schritten eine Kompanie von Söldnern hineinmarschiert, und im Augenblick wird es klar: die scheren sich den Teufel um die Ordnung und das Inventar des Hauses; die sind hier eingerückt, weil es so günstig liegt, und sich von ihm aus ein Brückenkopf oder eine Eisenbahnlinie beschießen läßt, deren Verteidigung im Bürgerkriege wichtig ist. [. . .], weil aus der Position des ›Schönen‹ der ›Erlebniswerte‹ [. . .] sich in der besten Deckung Feuer geben läßt«. – Zitiert nach Bachmann, a.a.O. S. 115.

[37] So Adorno in einem Brief an Benjamin, zitiert nach Dieter Bachmann, a.a.O., S. 105.

fang und die Bedeutung des riesigen Werkes sich zu umreißen bemüht: »Die dreizehn Bände von Marcel Prousts ›A la Recherche du temps perdu‹ sind das Ergebnis einer unkonstruierbaren Synthesis, in der die Versenkung des Mystikers, die Kunst des Prosaisten, die Verve des Satirikers, das Wissen des Gelehrten und die Befangenheit des Monomanen zu einem autobiographischen Werke zusammentreten.«[38] An dem Roman Prousts fasziniert Benjamin dessen Einmaligkeit - er ist, wie alle großen Werke der Literatur, »eine Gattung an sich«, er ist ein Sonderfall der Literatur in seiner Unfaßlichkeit, er liegt »außerhalb der Dichtung«. Es läßt sich dieser »Nil der Sprache« mit einem »Penelopewerk des Vergessens« vergleichen, wie Benjamin es paradox formuliert. Es ist aber die Penelopearbeit des Eingedenkens. Benjamin weist auf die zwei Arten des Gedächtnisses bei Proust - »mémoire involontaire« steht aber dem Vergessen viel näher als die durch den Willen gesteuerte Erinnerung.[39] Auch Curtius stellt das Werk Prousts neben »Matière et Mémoire« von Bergson: »Prousts Schaffen ruht auf der Unterscheidung zweier Formen des Gedächtnisses: der vom Willen gelenkten mémoire, die nur totes Tatsachenmaterial registriert, und des spontanen, der bewußten Anstrengung unzugänglichen souvenir, welches den Gefühlston des Erlebens in ursprünglicher Frische reproduziert.«[40] Benjamin schreibt dagegen, daß Proust »die Ornamente des Vergessens«, die jeder Tag unseres Lebens auflöst, im verdunkelten Zimmer, bei künstlichem Lichte, seine Texte wie ein Gewebe gesponnen habe. Bei Proust sei die Einheit des Textes der actus purus des Erinnerns und nicht der Autor, seine Person oder seine Haltung. Benjamin entdeckt auch die Dialektik des Glücks, den »zwiefachen Glückswillen«, der allen Gestalten Prousts einverleibt sei, bei ihm gebe es »eine hymnische und eine elegische Glücksgestalt«. Die hymnische ist das »Unerhörte«, der Gipfel der Seligkeit, fast an Illumination, Erleuchtung grenzend, die elegische ist die ewige Restauration des ursprünglichen, ersten Glücks, für Proust verwandelt sie das Dasein in einen »Bannwald der Erinnerung«.[41] Proust ist auch von einem passionierten Kult der Ähnlich-

---

[38] Walter Benjamin: Zum Bilde Prousts. In: Illuminationen. Ausgew. Schriften. Frankfurt a. Main: Suhrkamp 1977 (= st 345), S. 335.
[39] Benjamin a.a.O. S. 355.
[40] Curtius a.a.O. S. 30f.
[41] Benjamin a.a.O. S. 337.

keit besessen, der Ähnlichkeit des Einen mit dem Anderen - darin ähnelt seine Welt dem Traum. Benjamin vergleicht die Methode Prousts mit dem Strumpf, den die Kinder »als ein Wahrzeichen dieser Welt« zu erkennen imstande sind. Im Wäschekasten eingerollt sei er »Tasche« und »Mitgebrachtes« zugleich, man kann ihn aber mit einem Griff in etwas Drittes verwandeln - in den Strumpf eben. Proust verwandelt das Ich, die Attrappe in das Dritte: das Bild. Seine Sehnsucht galt der Welt, die ihr wahres surrealistisches Gesicht enthüllen kann.[42]

Der zweite Abschnitt des Essays greift eine Fülle von anderen Problemen und Phänomenen auf, die Proust in seinem Werk als erster ins Licht gerückt hatte - die Probleme, die »einer saturierten Gesellschaft« entstammen. Sie sind »subversiv« (es soll das Lieblingswort Benjamins sein). Proust konstruiert den ganzen inneren Aufbau der Gesellschaft als Physiologie des Geschwätzes, er erst hat das 19. Jahrhundert memoirenfähig gemacht.[43] Benjamin schont nicht die deutsche Kritik, die viele Fragen wie die »der Modelle zweiten Ranges«, das feudale Milieu, übergangen hatte. Es ist falsch, schreibt Benjamin, »vom snobistischen Milieu auf den Verfasser« zu schließen und sein Werk als »innere französische Gelegenheit« anzusehen.[44] Die Absichten Prousts sind eben »subversiv«, seine Komik, seine Gesellschaftskritik zerbricht die Illusion dieser Welt, alles geht da in »Scherben: die Einheit der Familie und der Persönlichkeit, der Sexualmoral und der Standesehre«.[45] Die darauffolgenden Sätze hat Benjamin der Persönlichkeit Prousts gewidmet, seinen vom ihm kultivierten und hochgezüchteten Eigenschaften wie dem Laster der Schmeichelei, »in einem eminenten - man möchte sagen: theologischen - Grade ausgebildet, auch das der Neugier«.[46] Proust studiert die Geheimsprache der Salons, diese Studien hat er »produktiv« ausgenutzt - es war, so Benjamin, die Mimikri des Neugierigen, dieser Begabung ist »das Vegetabilische« seiner Welt entsprungen.[47] Auf das vegetative Dasein der Proustschen Menschen hat auch Curtius hingewiesen - er hat sich sogar über die

[42] ebd. S. 338.
[43] ebd. S. 339f.
[44] Benjamin a.a.O. S. 340.
[45] ebd.
[46] ebd. S. 341f.
[47] ebd.

»menschliche Flora« bei Proust geäußert. Curtius findet aber ihre Genese im »Kultus des nährenden Bodens«, der ein Element der Kunst Prousts sei.[48] Bei Benjamin hat die menschliche Flora, haben seine menschlichen Pflanzen ihre Wurzeln »an ihrem sozialen Fundort« geschlagen, sie sind »vom Stande der feudalen Gnadensonne bestimmt, vom Winde, der von Guermantes oder Méséglise weht, bewegt und undurchdringlich in dem Dickicht ihres Schichsals miteinander verschlungen«.[49] Proust hatte in den oberen Zehntausend eine Verschwörerbande der Konsumenten und Ausbeuter erblickt, seine Analyse des Snobismus ist für Benjamin wichtiger als seine Apotheose der Kunst,[50] was sich konträr zur Meinung Curtius' stellt. Proust war seiner Klasse voraus, er war der illusionslose Entzauberer des Ich, der Liebe und der Moral. Ähnlich klingt es auch im Essay von Bachmann, wie es schon gezeigt wurde.

Im letzten Teil des Essays befaßt sich Benjamin mit der Rolle der Zeit und der Ewigkeit bei Proust, er glaubt jedoch nicht, daß man den Idealismus Prousts zur Grundlage einer Interpretation machen sollte - denn die Ewigkeit bei Proust ist die verschränkte Zeit. Der Zeitablauf verwirklicht sich in der raumverschränkten Gestalt, herrscht im Erinnern (innen) und im Altern (außen). Das Herz der Proustschen Welt ist im Widerspiel von Altern und Erinnern, in ihm findet Benjamin »Korrespondenzen«, typisch für die Romantiker und für Baudelaire.[51] Zuletzt wendet sich Benjamin Proust als »dem Regisseur seiner Krankheit« zu, diesem »greisen Kind«, der aus Weltfremdheit gestorben ist.[52] Das Geschwätz in seinem Roman ist Produkt der Einsamkeit dieser »konversierenden« Gesellschaft - bei Proust fehlt das Element der Berührung, die im freundschaftlichen Miteinander so gewöhnliche Geste, er hält die unüberbrückbare Distanz zu seinem Leser, der Tod, die Krankheit bestimmen seinen Umgang mit den Menschen. Der Positivismus Prousts äußert sich nach Benjamin in seinem Stil, sein Asthma ist in seine Syntax, seinen Satzrhythmus eingegangen.[53] Das Schaffen Prousts spiegelt die Symbiose »dieses bestimmten Schaffens und dieses be-

[48] Curtius a.a.O. S. 91ff.
[49] Benjamin a. a. O. S. 342.
[50] ebd. S. 343.
[51] ebd. S. 344.
[52] ebd. S. 346.
[53] ebd. S. 347.

stimmten Leidens« wider, bei ihm gab es kein heroisches Dennoch, das die schöpferischen Menschen gegen das Leiden erheben. Die Krankheit war für Proust ein Gerüst, auf dem er wie Michelangelo die Schöpfung malte.[54] Ähnlich wie Bachmann sieht Benjamin in Proust einen Positivisten, einen kritischen Geist, der seiner Zeit voraus war.

Der Essay Bachmanns unterscheidet sich zweifellos von den Essays Curtius' und Benjamins, obwohl er ähnliche Motive aufgegriffen hatte, vor allem dadurch, daß die Autorin ihn aus der Perspektive des Zweiten Weltkrieges, unter völlig anderen Voraussetzungen sozialer und moralischer Natur, geschrieben hatte. Die Motive ihres Essays sind: die Leiderfahrung, die Tragik der Liebe, der Tod und der Krieg, die Einsamkeit des Künstlers, das Kunstwerk als Suche nach der Wahrheit. Sie schildert aber auch das Inferno der Invertierten, den »anderen« Begriff der Liebe bei Proust, den auch Benjamin erwähnt, der ihn aber aus den anderen sozialen Konfigurationen der Welt Prousts erklärt. Der Bachmannsche Essay ist ein typischer Radio-Essay. Er hat die Form eines Selbstgesprächs, ist nicht dialogisch, obwohl auf die Stimmen verteilt. Sein Stil ist konzentriert, einprägsam, mit Zitaten durchwirkt. Seine Komposition ist durchsichtig, die Thesen führen logisch zu einer »conclusio« am Ende. Die Essayistik Bachmanns gehört somit mit Bestimmtheit der Lebenskritik an, wie sie Ernst Robert Curtius verstanden hatte. Bachmann ist immer subjektiv, variiert die ewigen Themen ihres Schaffens. Sie thematisiert ihre »Soziologie der Gefühle«. Das Thema der Beziehungen der beiden Geschlechter, der Liebe, der Gefühle, zieht sich wie der »rote Faden« durch das Gesamtwerk. Dieselbe Problematik, die sie bei Proust so faszinierte, gestaltet sie beispielsweise in der Erzählung »Ein Schritt nach Gomorrha«, wo sie jedoch nicht das Inferno der Invertierten darstellt, sondern die Möglichkeit des »anderen« Zustandes, die die Protagonistin der Erzählung, Charlotte, mit der Mara, als »ihrem« Geschöpf, zu erleben erwägt. In der Erzählung gibt es auch Motive der »anderen« Sprache, die die beiden Frauen erst lernen müßten, um eine authentische, erfüllte Existenz zu führen. Im Nachlaß befindet sich eine Skizze, die die Verwandlung der Sprache beschreibt, welche Mann und Frau im Moment der Verliebtheit verwenden: »Ein Mensch, der sich verliebt,

---

[54] ebd. S. 348.

fühlt ja selber sehr rasch, wie er in eine andere Sprache übersiedelt. Das einzig erstaunliche an dieser Sprache ist vielleicht, daß die Sätze eine Bedeutungsverschiebung durchmachen, [. . .] es ist ein ausgezeichneter Zustand, in dem halbwegs jedem die Sprache als eine Spielmöglichkeit bewußt wird« (NN 883).

Sie befaßt sich mit den Gestalten Prousts, mit ihrer Psyche, aber sie sucht nicht die pathologischen Züge, sondern das, was man nach ihrer Ansicht als allgemeines Muster der Beziehungen zwischen Mann und Frau begreifen kann. Wenn man den Proust-Essay von Bachmann als einen exemplarischen Text für ihre Essayistik im Hinblick auf die in ihm enthaltenen Motive befragt, ergibt sich daraus ein Geflecht von Themen, Motiven wie: die Liebe, die verlogene Moral (Tabuisierung des bestimmten von der »Norm« abweichenden sexuellen Verhaltens), die Maske, Falle, in der sich der Proustsche »gehetzte Mensch«, der »homme traqué«, befindet, die Motive der Gewalt (Krieg und seine Opfer, die Welt als Hölle der mörderischen Triebe). Auch das Problem des Alterns, der Erinnerung, der Zeit, mit dem der künstlerischen Darstellung verbunden, das Leben des Künstlers im Dienste der Erkenntnis, der Wahrheit und der Freiheit. Ähnliche Thematik hatte auch die bisher entstandene Sekundärliteratur zum Werke Bachmanns in ihrer Prosa und Lyrik entdeckt. Es handelt sich um die vielbeschworene »Problemkonstante« ihres Schaffens. Kurt Bartsch stellt z. B., indem er über die Erzählung »Jugend in einer österreichischen Stadt« schreibt, folgendes fest: das zentrale Motiv dieser Erzählung und auch eine durchgehende Konstante in Bachmanns Werk sei der Mensch zwischen Flucht und Tod, als Unbehauster, rastlos auf der Suche nach der »Erdung« der Utopie, nach der Heimat.[55] Manfred Jurgensen befaßt sich in seinem Buch mit dem Problem der Sprache und der Liebe bei Bachmann.[56] Er sieht bei ihr die Liebe als Sprachkonflikt, für Bachmann ist die Identifizierung mit der Sprache nicht zuletzt auch die Reflexion ihres protestantischen Christentums, wie überhaupt ihr Glaube an »das Wort« und an eine »Heilige Schrift«. Bachmanns protestantisches Sprachverständnis, die Verbindung von

---

[55] Vgl. Kurt Bartsch a. a. O. S. 102ff und sein Aufsatz: »Die frühe Dunkelhaft«. Zu Ingeborg Bachmanns Erzählung »Jugend in einer österreichischen Stadt«. In: Literatur und Kritik (1979), H.131, S. 33-43.

[56] Manfred Jurgensen: Ingeborg Bachmann. Die neue Sprache. Bern: Lang 1981.

Liebe und Gewalt ist nicht nur Sünde, sie versündigt sich ihrerseits an der göttlichen Sprache. Sie schafft außerdem ihre Mythologie der Frau: man kann sie mit Anaïs Nin vergleichen, die ihre spezifisch weibliche Einbildungskraft ausdrücken wollte. Die Liebe zum Mann bleibt bei Bachmann notwendigerweise unerfüllt, vorübergehend, fragmentarisch.[57] Es scheint also, also ob man, den Titel ihres Proust-Essays auf ihr Werk transponierend, die Prosa, Lyrik und Essayistik »Die Welt Bachmanns - Einblicke in ein weibliches Pandämonium« nennen könnte. Es läßt sich nur fragen, ob die Autorin selbst dieses »dunkle« Bild ihres Schaffens, von der Kritik entworfen, akzeptieren würde. Auf jeden Fall kann man mit Bestimmtheit Bezüge zwischen der Thematik ihrer Essayistik, ihrer theoretischen Schriften und allen anderen Werken aufweisen. Überall gibt es Querverbindungen und Rückbezüge, die das Ganze zu einer präzis durchdachten Sprachkomposition formen.

Das Motiv der Erinnerung, so wichtig für Proust und im Proust-Essay gegenwärtig, kann man z. B. in der Erzählung »Das dreißigste Jahr« finden, obwohl man darin auch das verschlüsselte Leben Wittgensteins sah:

> Und eines Morgens wacht er auf, an einem Tag, den er vergessen wird, und liegt plötzlich da, ohne sich erheben zu können, getroffen von harten Lichtstrahlen und entblößt jeder Waffe und jeden Muts für den neuen Tag. Wenn er die Augen schließt, um sich zu schützen, sinkt er zurück und treibt ab in eine Ohnmacht, mitsamt jedem gelebten Augenblick. [. . .] Wenn er das Bewußtsein wieder gewinnt, sich zitternd besinnt und wieder zur Gestalt wird, zur Person, die in Kürze aufstehen und in den Tag hinaus muß, entdeckt er in sich aber eine wundersame neue Fähigkeit. *Die Fähigkeit, sich zu erinnern.* [Hervorhebung von mir, M.Ś.]. [. . .] Er wirft das Netz Erinnerung aus, wirft es über sich und zieht sich selbst, Erbeuter und Beute in einem, über die Zeitschwelle, die Ortsschwelle, um zu sehen, wer er war und wer er geworden ist. (W II/94)

Benjamin bemerkte in seinem Essay über die Fähigkeit der Erinnerung bei Proust:

> Gewiß treten die meisten Erinnerungen, nach denen wir forschen, als Gesichtsbilder vor uns hin. Und auch die freistehenden Gebilde der mémoire involontaire sind noch zum guten Teil isolierte, nur rätselhaft prä-

---

[57] Siehe ebd. S. 38ff. und 72ff., sowie Peter Brinkemper: Liebe als Fragment. Affinitäten und Differenzen zwischen Bachmann und Barthes. In: Jahrbuch der Grillparzergesellschafft, 3. Folge, Bd. 16 (1984/85/86), S. 189-199.

sente Gesichtsbilder. [. . .] Der Geruch, das ist der Gewichtssinn dessen, der im Meere der temps perdu seine Netze auswirft.

Und seine Sätze sind das ganze Muskelspiel des intelligiblen Leibes, enthalten die ganze, die unsägliche Anstrengung, diesen Fang zu heben.[58]

Es gibt bei Bachmann auch die »subversiven« Themen, Tabus, die sie in ihren Erzählungen und Romanen behandelt. In der Erzählung »Das dreißigste Jahr« kommt das Proustsche Thema des Gerüchtes, auch von Benjamin gefunden (die Physiologie des Geschwätzes), vor: »Man geht, sowie man eine Zeitlang an einem Ort ist, in zu vielen Gestalten, Gerüchtgestalten, um und hat immer weniger Recht, sich auf sich selbst zu berufen« (W II/98). In dieser Erzählung findet man Stellen, die Anspielungen auf Goethes »Tasso«, auf Fromms »Furcht« und »Flucht« vor der Freiheit und Wahrheit und auf Proust enthalten:

Da es keine natürliche Untersagung und keinen natürlichen Auftrag gibt, also nicht nur erlaubt ist, was gefällt, sondern auch, was nicht gefällt (und wer weiß schon, was gefällt!), sind unzählige Gesetzgebungen und Moralsysteme möglich. Warum beschränken wir uns auf ein paar vermischte Systeme, deren noch keiner froh geworden ist? [. . .]

Die Tabus liegen unaufgeräumt herum wie die Enthüllungen. Warum nur einige wenige Systeme zur Herrschaft gelangten? Weil wir so zäh festhalten an Gewohnheiten, aus Furcht vor einem Denken ohne Verbotstafeln und Gebotstafeln, aus Furcht vor der Freiheit. Die Menschen lieben die Freiheit nicht (W II/131).

Auch in »Ein Schritt nach Gomorrha«, obwohl diese Novelle keineswegs platte Übernahme der Thematik von Prousts Roman ist, treten die Themen »Tabu« und »Hölle« auf. Die Freiheit wird nur im Bewußtseinsraum des Utopisch-Magischen, des Traumes, möglich:

Sie [Charlotte] war unerlösbar, und keiner sollte sich anmaßen, sie zu erlösen, das Jahr Tausend zu kennen, [. . .]. Komm, Schlaf, komm, tausend Jahre, damit ich geweckt werde von einer anderen Hand. Komm, daß ich erwache, wenn dies nicht mehr gilt - Mann und Frau (W II/202).

In dem Roman »Der Fall Franza« und in »Requiem für Fanny Goldmann« kann man die Gestalt der Bachmannschen »femme traquée«, ihre Version des Proustschen umstellten, gehetzten Menschen, finden. In der Gestalt Franzas gibt es auch Anklänge an die

[58] Benjamin a. a. O. S. 347.

Heldin von Sylvia Plath, die ebenfalls krank wird, und in die untersten Höllenkreise steigt.

> Wann ist mein Tod?
> Stein, Blatt und Blume
> Wann ist das Ende
> Stern, Halm und Fluß
> Halm, Fluß und Stern.
> Und ich sterbe verzweifelt
> mein Mund schmeckt Wein
> Fleisch und Brot
> und ich sterbe verzweifelt
> ich sehe das Meer
> die Segel, das Boot...
> sterbe verzweifelt
> wegen Wangen, Haaren
> und Rot
> wegen...
> ich sterbe zutod.
> Ich hoffe zutod.
> Auf den Tag und auf die Nacht (NN 342).

Die Verwirklichung ihrer Utopie der Liebe, der guten, neuen Welt, hat Bachmann auch in ihren Aufzeichnungen, z. B. denen aus Polen, und in ihren Statements geschildert. Auch der Held des »dreißigsten« Jahres hatte bei sich im Zimmer »eine kleine Reproduktion«, »›L'espérence‹ von Puvis de Chavannes, »auf dem die Hoffnung, keusch und eckig, mit einem zaghaft grünenden Zweig in der Hand, auf einem weißen Tuch sitzt. Im Hintergrund hingetupft – einige schwarze Kreuze; in der Ferne – fest und plastisch, eine Ruine; über der Hoffnung – ein rosig verdämmernder Streif Himmel, denn es ist Abend, es ist spät, und die Nacht zieht sich zusammen. Obwohl die Nacht nicht auf dem Bild ist – sie wird kommen! Über das Bild der Hoffnung und die kindliche Hoffnung selbst wird sie hereinbrechen und sie wird diesen Zweig schwärzen und verdorren machen.

Aber das ist nur ein Bild. Er wirft es weg« (W II/97). Die Hoffnung bleibe lediglich, wie sie in den Poetik-Vorlesungen gesagt hatte, in der Literatur, in der Möglichkeit, sie zu schildern. Auch das Werk Blochs werde noch Literatur inspirieren können, neben Wittgenstein, wie früher »Nietzsche, von dem ein Funke übersprang auf André Gide, auf Thomas Mann, Gottfried Benn und viele andere. Für Brecht war es Marx, für Kafka Kierkegaard; Joyce entzündete sich an Vicos Geschichtsphilosphie, und es gab die unzähligen Anstöße durch Freud, und in jüngster Zeit beeinflußte Heidegger« (W IV/196). Bachmann zielt auf die Veränderung der Gesellschaft durch ihre Bemühungen, die Menschen zum Denken in der »neuen Sprache« zu bewegen, sie aus ihrem tausendjährigen Schlaf wie Dornröschen wachzurütteln:

> Man hat mich schon manchmal gefragt, warum ich einen Gedanken habe oder eine Vorstellung von einem utopischen Land, einer utopischen Welt, in der alles gut sein wird und in der alle gut sein werden. Darauf zu antworten, wenn man dauernd konfrontiert wird mit der Abscheulichkeit dieses Alltags, kann ein Paradox sein. Was wir haben ist nichts, reich ist man, wenn man etwas hat, das mehr ist als materielle Dinge und ich glaube nicht an diesen Materialismus, an diese Konsumgesellschaft, an diesen Kapitalismus, an diese Ungeheuerlichkeit, die hier stattfindet, an diese Bereicherung der Leute, die kein Recht haben sich an uns zu bereichern (NN 2341, auch GuI, leicht verändert, 144f.).

Diese Sätze sind für Bachmann charakteristisch, denn in ihnen wird ihre »eigentliche« Problematik, ihre Lebensphilosophie deutlich. Diese Äußerung kann auch für das Verständnis ihrer Essayistik aufschlußreich sein. Es zeigt sich, daß sie in der Form des Essays ein ihrem offenen Denken adäquates Ausdrucksmittel gefunden hatte. Ihr Werk ist in der historischen Wirklichkeit und in der historischen Bedingtheit verwurzelt.

Mit ihrer »Utopie«, die vor allem durch die »neue«, phrasenlose, »reine« Sprache zu erreichen wäre, will sie die Welt verändern. Bachmann gehört nicht zu den Schriftstellern, die die »selbstgenügsame« Sprachthematik variieren und gestalten. Sie gehört zu den humanistischen Schriftstellern, zu den »Ethikern« (in Musilschem Sinne), zu den »Essayisten«, für die es am wichtigsten erscheint, den Menschen in ihrem »Unglück« zu helfen. Es ließe sich noch viel mehr, detaillierter zeigen, daß Bachmann eine gesellschaftlich äußerst engagierte Schriftstellerin ist,[59] es würde jedoch den Rahmen dieser Studie überschreiten. Bachmann unterscheidet sich in dieser Haltung von Ernst Robert Curtius und seiner Lebensphilosophie und ist mehr Benjamin verwandt, weil jener ebenfalls seine Literaturkritik zum Anlaß der Gesellschaftskritik gemacht hat. Bachmann hat in allen ihren Essays die Frage nach der Funktion der Literatur in einer sonst selten zu findenden Radikalität

---

[59] Dies hat v. a. Hans Höller in seiner Monographie beispielhaft gezeigt.

aufgeworfen. Musil, Wittgenstein, Proust und Simone Weil, Kafka und Thomas Bernhard - alle diese Autoren sind Bachmann wahlverwandt. Es läßt sich eine konsequente Entwicklungslinie in der Gesamtessayistik der Autorin beobachten - von der Dissertation und den Wittgenstein-Essays angefangen, bis zu den Reden und anderen essayistischen Schriften. Sie hat in einem Interview gesagt, daß sie zu ihren theoretischen Schriften immer stehen wird. Die Essays, begründen erst die Einheit des Gesamtwerkes - in ihnen entsteht die Synthese zwischen ihrer positivistisch-wissenschaftlichen Haltung und der Kunst (Poesie).

III. Einige Bemerkungen zum Schluß der Arbeit: Ingeborg Bachmann und der Essay als Ort der Utopie

Die Absicht dieser Studie war, Ingeborg Bachmann als Essayistin zu zeigen. Man hat aber schon die Autorin als eine Utopistin im Gefolge Musils und Blochs, als eine der sprachkritischen Tradition verbundene philosophierende Dichterin, als Feministin, Kulturkritikerin, sogar als potentielle Theologin darzustellen versucht. Es ließe sich also an dieser Stelle fragen, wozu dann noch eine zusätzliche Bezeichnung einführen, Begriffe und Benennungen vermehren, wenn Ingeborg Bachmann so ausführlich und von so zahlreichen weltanschaulichen Positionen aus bereits analysiert wurde. Die Rechtfertigung der Bezeichnung Bachmanns als Essayistin scheint aber gerade in der begrifflichen Unbestimmtheit, in der Undefinierbarkeit des Essays zu liegen, der einerseits eine alte, traditionsreiche literarische Gattung ist, andererseits im 20. Jahrhundert zum Essayismus als einer Lebenshaltung erweitert wurde. Die Form des Essays scheint sich als der einzige Rahmen anzubieten, in dem die moderne gelehrte Dichtung, ihre Literaten, Dichter und Schriftsteller ihre inneren Konflikte und Spannungen zum Ausdruck bringen können. Ingeborg Bachmann ist also im doppelten Sinne eine Essayistin zu nennen: zum einen als eine Schriftstellerin, die die Form des Essays, dessen Schreibweise übernommen hat, weil sie auch heutzutage, in der zerrissenen Welt sich äußert, anpassungsfähig, offen für alle weltanschaulichen Inhalte, »geduldig«, also modern. In der zweiten Bedeutung ist Ingeborg Bachmann Essayistin im Sinne Musils, sie huldigt der Utopie des Essayismus, wie auch sehr viele Dichter und Philosophen, denen sie eine Bereicherung ihrer ästhetischen und ethischen Ansichten verdankte. Die Dialektik des Essays eignete sich dazu, das Bachmannsche Verständnis der Literatur als das »Erhoffte« und das »Vorgefundene«, als Denkexperiment und als Mystik des Herzens, zu verwirklichen, stets mit der Absicht zu wirken. Der Essay war und ist immer als eine sozial engagierte, kritische Form anzusehen. Alle großen Essayisten, mit Montaigne angefangen, waren Individualisten, Außenseiter und Grenzgänger,

Vermittler zwischen den verschiedenen, scheinbar unversöhnlichen Wissens- und Kulturbereichen, zwischen den verschiedenen Kulturen und Weltanschauungen, andererseits waren sie vor allem Humanisten und Skeptiker - davon zeugt u. a. die Tatsache, daß der Essay in Nazideutschland in Verruf geraten war.

Wenn man die Essayistik von Ingeborg Bachmann aus der Perspektive dieser Studie betrachtet, kann man feststellen, daß es Quer- und Rückverbindungen zwischen ihren essayistischen Texten gibt, die auch in der Erzählprosa und Lyrik sich wiederholen und ihr ganzes Werk auf diese Weise zu einem »kristallinischen« Netz formen, das wie ein Modell eines Moleküls die Themen und Motive in verschiedenen Variationen und Konstellationen auftreten läßt. Man könnte Bezeichnungen, die sich auf Walter Benjamins Essays beziehen, wie »Korrespondenzen«, »Konfigurationen« etc., die teppichartige, ornamentale Verflechtung der Motive seiner Prosa, auf das Werk Ingeborg Bachmanns anwenden. Bei Ingeborg Bachmann treten zwar die Dinge und die Bilder nicht allegorisch für die Ideen, wie bei Walter Benjamin, auf, aber die versprachlichten Tatsachen der Welt dienen bei ihr überall dazu, die Wahrheit den Menschen zu zeigen, um ihre Erkenntnisse über das »Seiende« zu bereichern. Das Bild wird bei ihr zum Ausdruck der Transzendenz und hilft, eine »wahre« Wirklichkeit ohne Maske und Lüge zu offenbaren. Bei Walter Benjamin und Ernst Robert Curtius gab es eine Verwandtschaft mit dem Platonismus von Marcel Proust, bei Ingeborg Bachmann könnte man von einem »Wittgensteinismus« oder »Heideggerianismus« sprechen (wenn man es so ausdrücken darf), und vor allem von ihrem idealistischen Utopismus, den sie ihrer Beschäftigung mit den Werken Musils und Blochs verdankt. »Der Geist der Utopie« ist bei ihr allgegenwärtig, immanent in allen Werken vorhanden. Ingeborg Bachmann schrieb keine »klassischen« Essays, ihre Sprache ist an den philosophischen Traktaten ausgebildet, aber nicht »konservativ« im negativen Sinne dieses Wortes - ihre Essays und essayistischen Schriften sind immer zukunftsweisend, »progressiv«, wollen immer über sich selbst hinausweisen, sind utopisch. Wie bei jedem »großen« Schriftsteller bildet ihr Werk eine Einheit. Wenn man über Thomas und Heinrich Mann, Franz Kafka oder Robert Musil sagt, daß sie immer nur ein Thema variieren, läßt sich das auch auf das Werk Ingeborg Bachmanns beziehen. Daher stammt auch ihre subjektive Behandlung der literarischen Werke in ihrer Kulturkritik, in ihrer Lebenskritik - sie schreibt eigentlich immer nur über sich selbst und über ihre Probleme, Obsessionen, über ihr Leiden an der Welt (dieses ist nicht verwunderlich, wenn man an ähnliche Züge bereits in den Essais Montaignes denkt). Ihre Sprache ist klar und nüchtern, an der neopositivistischen Philosophie geschult, oft aber ins Pathetische, in die Emphase emporsteigend, humorlos, fast tödlich ernst, nur in dem Essay »Die wunderliche Musik« ironische Züge aufweisend (die Rede »Der Ort für Zufälle« ist dagegen als eine Groteske zu bezeichnen[1]). In der Essayistik Bachmanns lassen sich bestimmte thematische Ebenen aufzeigen. Die erste Schicht von Motiven umfaßt die »Einflüsse« verschiedener Autoren - Marcel Proust, Robert Musil, Simone Weil, Franz Kafka, auch einiger Philosophen. Von ihnen übernimmt sie ihre Stoffe, Motive, die dann in allen ihren Texten eingeflochten werden. Die zweite Ebene bilden ihre eigenen Themen, die natürlich auch bei den anderen erwähnten Dichtern vorkommen. Es sind schon genannte Themenkomplexe: Freiheit, Wahrheit, Identität, Liebe, Sprache, das Thema der Gewalt (der Krieg, das Opfer, das Schandgesetz etc.), das Motiv der Erlösung durch die Sprache, der Annäherung an die Schönheit und der Suche danach. In dem Simone-Weil-Essay sind z. B. alle Themen, die eben aufgezählt wurden, vorhanden. Diese Themen treten dann u. a. in der Erzählung »Unter Mördern und Irren« auf, die Korrespondenzen zu dem Essay über Robert Musil aufweist (die funktionelle Moral, ihr Relativismus, der Krieg und das Opfer der Gewalt). Das Thema des Opfers, des »homme traqué«, das Bachmann bei Proust gefunden hatte, gibt es auch bei Sylvia Plath. Die Bachmannschen Franza und Fanny sind Opfer, Sklaven in dieser nach Schandgesetzen eingerichteten Welt. In dem Musil-Essay findet man die »ewigen« Themen Bachmanns - die Liebe und die »taghelle« Mystik des anderen Zustandes, die tausendjährige Utopie (bei Musil die Utopie des Essayismus), die Möglichkeiten, die ein Mensch, der essayistisch lebt, in seinem Leben erblickt. Diese Reihe ließe sich fortsetzen, in jedem Bachmannschen Gedicht, in jeder Erzählung, in den Romanen gibt es »geheime« und »subversive« Elemente, denn »alles ist eine Frage der Sprache« (W II/143), und »die Sprache selbst ist das Vehikel des

[1] Vgl. Kurt Bartsch: Ein Ort für Zufälle. Bachmanns Büchnerpreisrede, als poetischer Text gelesen. In: Modern Austrian Literature, Vol. 18 (1985), Nr. 3/4, S. 135-145.

Denkens« (PhU 384). In diesem Reigen von Themen wird das Werk von Ingeborg Bachmann zu einem präzis, logisch und musikalisch durchkomponierten Ganzen, in dem Emotionen und Intellekt, »Hirn und Herz«, l'ésprit de géométrie und l'ésprit de finesse (Pascal) eins werden. Wie Proust und auch Musil versuchte Ingeborg Bachmann durch die Wirkung jeder im Bewußtsein registrierten Wahrnehmung, in der »figural consciousness«, durch die Verschmelzung von Erzählakt und erzähltem Bewußtsein die Zeit- und Raumdimension neu zu gestalten und das Bewußtsein des Lesers über die Grenzen der Welt hinaus zu erweitern:

> Hinter der Welt wird ein Baum stehen,
> eine Frucht in den Wipfeln
> mit einer Schale aus Gold.
> Laß uns hinübersehen,
> wenn sie im Herbst der Zeit
> in Gottes Hände rollt! (W I/23)

Diese Arbeit hat aber auch zwei andere Aspekte der Bachmannschen Essayistik zu veranschaulichen versucht: die Bedeutung ihrer Essays innerhalb ihres Werkes und den Rang und die Stellung ihrer Essayistik im Rahmen des Essays des 20. Jahrhunderts. Es wurde gezeigt, daß die Essays Ingeborg Bachmanns in ihrem Schaffen eine ähnliche Rolle gespielt haben wie bei anderen großen Schriftstellern, z. B. Thomas Mann, Robert Musil oder Hermann Broch. Der künstlerische und philosophische Rang ihrer Essays läßt sich nicht leugnen. Den Essays der großen Essayisten (wie Walter Benjamin und Ernst Robert Curtius) sind sie ebenbürtig und dazu von ihrer unverwechselbaren Persönlichkeit geprägt. Es wurde u. a. nachgewiesen, daß Ingeborg Bachmann in ihrem Proust-Essay, obwohl es zum Werk Marcel Prousts »ozeanische« Sekundärliteratur gibt, ganz neue, originelle Aspekte gefunden hatte. Sie verdankt diese neue Einstellung ihrer philosophierenden Haltung, ihrer Kenntnis der Philosophie des Neopositivismus, welche neue Bereiche der menschlichen Psyche, der Welt und der Sprache entdeckt hatte, womit auch der Charakter des Bachmannschen Werkes zusammenhängt, die Entdeckung neuer Sensibilität, der neuen Bedrängnisse der menschlichen Seele. In ihrem Werk findet man Elemente der »Weiblichkeit«. Ingeborg Bachmann erwächst aus dieser Empfindungsweise, erreicht aber dabei das Niveau der besten Schriftsteller des 20. Jahrhunderts. In der deutschen Sprache hat die Bezeichnung

»Schriftstellerin« pejorative Assoziationen hervorgerufen. Man hat damit immer schlechte Literatur assoziiert.[1]

Bei Ingeborg Bachmann läßt sich dank ihrer philosophischen Ausbildung in ihrer integrativen Persönlichkeit eine Tendenz zur Erörterung sozialer Probleme, zur Gesellschaftskritik beobachten, was ins Bild der »typischen« Frauenliteratur überhaupt nicht paßt. Ingeborg Bachmann paßt in dieses Schema auch nicht mit ihren Essays, mit den »intellektuellen« Produkten, was natürlich die deutschsprachige Kritik befremdet hat. Daher auch die Unterschätzung der Essays in der Bachmann-Forschung. Der Essay, der in Frankreich, England oder in den USA sehr populär, beliebt und sehr weiträumig definiert ist, wurde in den deutschsprachigen Ländern immer distanziert betrachtet. Er ist jedoch als ein literarisches Kunstwerk anzusehen, und das erhärtet auch die Bedeutung der Essays von Ingeborg Bachmann und ihren Platz in der Literaturgeschichte.

In Deutschland gab es eine gewisse Essay-Fremdheit, wie Ludwig Rohner es formulierte, das bedeutet aber nicht, daß dort gute Essays nicht geschrieben worden seien und geschrieben würden. Zu den Schriftstellern, die man zu den Essayisten von Rang rechnen darf, gehört auch Ingeborg Bachmann. Es läßt sich mit Bestimmtheit sagen, daß es die Form des Essays ist, die ihrem Denken adäquat ist. Wie schon früher bemerkt wurde, hat sie im Laufe der Zeit zu einigen ihrer Gedichte Distanz gewonnen, zu ihren Frankfurter Vorlesungen, Reden und zu den anderen Essays jedoch hat sie immer gestanden. Sie wählte ihre Essay-Themen nicht beliebig - schon in ihrer Dissertation und in den Wittgenstein-Essays versuchte sie, eine Synthese aus der dialektischen Spannung zwischen Wissenschaft und Kunst zu schaffen. Ihre humanistische Haltung fand sie u. a. im Schaffen Musils, Simone Weils und Marcel Prousts bekräftigt. Die

---

[1] In Polen dagegen, in der polnischen Sprache und Kultur, gibt es diese Bewertung nicht. Es kommt vielleicht daher, daß es hier seit vielen Generationen hochbegabte, talentierte Schriftstellerinnen gegeben hat, wie z.B. Eliza Orzeszkowa, Maria Dąbrowska, Zofia Nałkowska, Maria Kuncewiczowa (die Reihe ließe sich fortsetzen), welche die Probleme der »großen« Welt und der polnischen Nation und Gesellschaft zu ihren Themen erwählt hatten. Polen hat eine andere literarische Tradition, die in seiner Geschichte wurzelt, daher gibt es für die polnische Literaturkritik kein »Frauenproblem« und keine Unterscheidung von »feministischer« und anderer Literatur.

Einheit ihres Gesamtwerkes mit seinem Streben nach Wahrheit, Erkenntnis und Freiheit, nach der Verwirklichung der Utopie der guten, schönen Welt der Liebe, ist durch ihre Essayistik begründet. Denn für Ingeborg Bachmann, wie für jeden großen Dichter, »Ethiker« oder Essayisten (wie es Robert Musil schrieb) dient die Literatur dazu, den Menschen in ihrem Unglück zu helfen. Es ist eine äußerst engagierte, radikale, keine »l'art pour l'art«-Haltung, sondern eine historische, konkrete, »positivistische« in der Registrierung der Tatsachen und in dem Mut, eine Vision der neuen Welt zu entwerfen. Ingeborg Bachmann vereinigt »Logik« und »Mystik des Herzens«, wie es auch die Positivisten *und* Mystiker - Marcel Proust, Robert Musil, Ludwig Wittgenstein und Simone Weil - getan hatten. Für Ingeborg Bachmann wurde der Essay zum Ort der Utopie, weil er als einzige Gattung die Dialektik von Poesie und Wissenschaft auszuhalten imstande ist.

Nachwort

Der vorliegenden Untersuchung zur Essayistik von Ingeborg Bachmann liegt meine Doktorarbeit zugrunde, die ich im März 1985 an der Universität Łódź (Polen), wo ich auch meine Lehrtätigkeit ausübte, vorlegen konnte. Meine Dissertation entstand hauptsächlich in den Jahren 1983/84 während eines einjährigen Stipendiumaufenthaltes in Wien. Die Anregung dazu, mich den essayistischen Schriften von Ingeborg Bachmann zuzuwenden, verdanke ich vor allem Frau Prof. Dr. Maria Kofta, der ehemaligen Leiterin des Institutes für Germanistik an der Universität Łódź und zugleich meiner wissenschaftlichen Betreuerin. Frau Prof. Dr. Maria Kofta lenkte meine Aufmerksamkeit auf das weite Problemfeld des Essays, der zweifellos als die wichtigste literarische Gattung des 20. Jahrhunderts anzusehen ist. An dieser Stelle möchte ich ebenfalls meinen Dank Herrn Prof. Dr. Wendelin Schmidt-Dengler vom Institut für Germanistik an der Universität Wien für seine wissenschaftliche Betreuung und für die Hilfe, für all die Freundlichkeit, die er und seine Familie mir während meines Wiener Aufenthaltes und nicht nur damals erwiesen haben, äußern. Mein Dank gilt auch Herrn Prof. Dr. Albert Berger vom Institut für Germanistik der Universität für Bildungswissenschaft Klagenfurt für seine Ratschläge und Hinweise, die mir manche Probleme, meine Arbeit betreffend, zu lösen halfen; danken möchte ich auch Frau Dr. Eva Irblich von der Handschriften- und Inkunabelsammlung der Österreichischen Nationalbibliothek in Wien, wo ich am Nachlaß von Ingeborg Bachmann arbeitete, und Herrn Dr. Robert Pichl vom Institut für Germanistik an der Universität Wien, der mir den Zugang zu diesem Nachlaß ermöglichte.

Besonders tief fühle ich mich aber Herrn Prof. Dr. Richard Brinkmann von der Eberhard-Karls-Universität Tübingen zu Dank verpflichtet, weil er mich dazu ermutigte, meine Dissertation zum Druck vorzubereiten. Ohne sein Verständnis für meine gegenwärtige Lage, ohne seine mir gegenüber so offene und freundliche Haltung, würde diese Studie für immer »stumm« in der Schublade meines Schreibtisches liegenbleiben. Seiner Fürsprache ist die Drucklegung dieses Buches zu verdanken, die von der Alexander von Humboldt-Stiftung mit einem großzügigen Zuschuß gefördert wurde.

Tübingen, im Mai 1988 Małgorzata Świderska

Literaturverzeichnis

A. Texte von Ingeborg Bachmann

Werke. Bd. I-IV. Hrsg. von Christine Koschel, Inge von Weidenbaum und Clemens Münster. München, Zürich: Piper [3]1984 ([1]1978).

Die kritische Aufnahme der Existenzialphilosophie Martin Heideggers (Diss. Wien 1949). Hrsg. von Robert Pichl. München, Zürich: Piper 1985.

Wir müssen wahre Sätze finden. Gespräche und Interviews. Hrsg. von Christiane Koschel, Inge von Weidenbaum. München, Zürich: Piper 1983.

Der Zug war pünktlich. In: Wort und Wahrheit. 7. Jg. Zweites Halbjahr 1952, S. 623f.

Sackgassen. In: Wort und Wahrheit. 7. Jg. Zweites Halbjahr 1952, S. 944f.

B. Texte anderer Autoren und Sekundärliteratur

Achberger, Karen: Bachmann und die Bibel. »Ein Schritt nach Gomorrha« als weibliche Schöpfungsgeschichte. In: Der dunkle Schatten, dem ich schon seit Anfang folge. Ingeborg Bachmann - Vorschläge zu einer neuen Lektüre des Werks. Hrsg. v. Hans Höller. Wien, München: Löcker 1982, S. 97-110.

Achberger, Karen: Der Fall Schönberg, Musik und Mythos in »Malina«. In: Text + Kritik (1984). Sonderband: Ingeborg Bachmann, S. 120-131.

Aichinger, Ingrid: »Im Widerspiel des Möglichen mit dem Unmöglichen«. Das Werk der österreichischen Dichterin Ingeborg Bachmann. In: Österreich in Geschichte und Literatur. Graz 12. Jg., H.4 (1968), S. 207-227.

Adorno, Theodor W.: Noten zur Literatur. Frankfurt a. Main: Suhrkamp 1981 (= stw 355).

Adorno, Theodor W.: Negative Dialektik. Frankfurt a. Main: Suhrkamp [3]1982 ([1]1975)(= stw 113).

Adorno, Theodor W./Max Horkheimer: Dialektik der Aufklärung. Philosphische Fragmente. In: Th. W. A.: Gesammelte Schriften Bd. 3. Frankfurt a. Main: Suhrkamp 1981.

Albrecht, Monika/Jutta Kallhoff: Vorstellungen auf einer Gedankenbühne: Zu Ingeborg Bachmanns »Todesarten«. In: Modern Austrian Literature 18 (1985), Nr. 3/4, S. 91-104.

Arendt, Hannah: Walter Benjamin, Bertold Brecht. Zwei Essays. München: Piper 1971 (Serie Piper 12).

Atzler, Elke: Ingeborg Bachmanns Roman »Malina« im Spiegel der literarischen Kritik. In: Jahrbuch der Grillparzer-Gesellschaft 3. Folge Bd. 15 (1983), S. 155-171.
Auer, Annemarie: Die kritischen Wälder: Ein Essay über den Essay. Halle/Saale: Mitteldeutscher Verlag 1974.
Bachmann, Dieter: Essay und Essayismus. Stuttgart: Kohlhammer 1969 (= Sprache und Literatur 55).
Bail, Gabriele: Weibliche Identität. Ingeborg Bachmanns »Malina«. Göttingen: edition herodot 1984.
Bareiss, Otto/Frauke Ohloff: Ingeborg Bachmann. Eine Bibliographie. München, Zürich: Piper 1978.
Bareiss, Otto: Auswahlbibliographie zu Ingeborg Bachmann 1953-1979/80. In: Text + Kritik (1980), H.6 (4. Aufl.): Ingeborg Bachmann, S. 62-76.
Bareiss, Otto: Ingeborg Bachmann-Bibliographie 1977/78 - 1981/82. Nachträge und Ergänzungen. In: Jahrbuch der Grillparzer-Gesellschaft 3. Folge Bd. 15 (1983), S. 173-217.
Bareiss, Otto: Auswahlbibliographie 1953 - 1983/84. In: Text + Kritik (1984), Sonderheft: Ingeborg Bachmann, S. 186-215.
Bareiss, Otto: Vita Ingeborg Bachmann. In: Text + Kritik (1984), Sonderheft: Ingeborg Bachmann, S. 180-185.
Bareiss, Otto: Ingeborg Bachmann-Bibliographie 1981/1982 - Sommer 1985. Nachträge und Ergänzungen. Teil II. In: Jahrbuch der Grillparzer-Gesellschaft 3. F. 16 (1986), S. 201-275.
Barthes, Roland: Am Nullpunkt der Literatur. Objektive Literatur. Zwei Essays. Hamburg: Claassen 1959.
Barthes, Roland: Elemente der Semiologie. Frankfurt a. Main: Syndikat 1979.
Barthes, Roland: Le Degré zéro de l'écriture suivi de Nouveaux Essais critiques. Paris: Éditions du Seuil 1981 (Essais critiques 2).
Barthes, Roland: Mythologies. Paris: Éditions du Seuil 1957.
Bartsch, Kurt: »Die frühe Dunkelhaft«. Zu Ingeborg Bachmanns Erzählung »Jugend in einer österreichischen Stadt«. In: Literatur und Kritik (1979), H. 131, S. 33-43.
Bartsch, Kurt: »Ein nach vorn geöffnetes Reich von unbekannten Grenzen«. Zur Bedeutung Musils für Ingeborg Bachmanns Literaturauffassung. In: Uwe Baur, Elisabeth Castex (Hrsg.): Robert Musil. Untersuchungen. Königstein/Ts 1980, S. 162-169.
Bartsch, Kurt: Ein Ort für Zufälle. Bachmanns Büchnerpreisrede, als poetischer Text gelesen. In: Modern Austrian Literature 18 (1985), Nr. 3/4, S. 135-145.
Bartsch, Kurt: Ingeborg Bachmann. Stuttgart: Metzler 1988 (= SM Bd. 242).
Bartsch, Kurt; Ingeborg Bachmann heute. Rückschau auf Symposien in Lubljana, Bad Segeberg/Hamburg, Rom, Warschau. In: Literatur und Kritik (1985), H. 195/196, S. 281-287.
Beauvoir, Simone de: Le deuxième sexe. Bd. 1-2. Paris: Gallimard 1949.
Beicken, Peter: Ingeborg Bachmann. München: Beck 1988 (= Beck'sche Reihe: Autorenbücher 605).

Benedikt, Michael: Die Aporie des Paralogismus der Ersten Person und dessen poetische Destruktion bei Ingeborg Bachmann. Vortrag, gehalten während der Ingeborg-Bachmann-Tagung in Rom. Oktober 1983, Vortragsmanuskript.

Benedikt, Michael: Abschied von der Philosophie und Versuch einer Poetologie. Ingeborg Bachmanns Paralogismus der Ersten Person. In: Ingeborg Bachmann. L'œuvre et ses situations. Actes du colloque 29, 30 et 31 janvier 1986. Nantes: Univ. de Nantes, Dep. d'Études Germaniques 1986 (Editions Arcane 17), S. 175-197.

Benjamin, Walter: Schriften. Bd. 1-2. Hrsg. von Th. W. Adorno und Gretel Adorno unter Mitwirkung von Friedrich Podszus. Frankfurt a. Main: Suhrkamp 1955.

Benjamin, Walter: Zum Bilde Prousts. In: Illuminationen. Ausgewählte Schriften. Frankfurt a. Main 1977 (= suhrkamp taschenbuch 345), S. 335-348.

Bense, Max; Über den Essay und seine Prosa. In: Ludwig Rohner (Hrsg.): Deutsche Essays. Bd. 1. Neuwied und Berlin: Luchterhand 1968, S. 54-69.

Berger, Bruno: Der Essay. Form und Geschichte. Bern: Francke 1964 (= Sammlung Dalp 95).

Bernhard, Thomas: In Rom. In: Th. B.: Der Stimmenimitator. Frankfurt a. Main: Suhrkamp 1978, S. 167f.

Blech-Lidolf, Luce: La Pensée philosophique et sociale de Simone Weil. Bern: Lang 1976 (= Europäische Hochschulschriften, Reihe 20., Philosopie Bd. 23).

Bloch, Ernst: Das Prinzip Hoffnung. Bd. 1-3. In: E. B.: Werkausgabe Bd. 5. Frankfurt a. Main: Suhrkamp 1985 (= stw 554).

Bloch, Ernst: Erbschaft dieser Zeit. Erweiterte Ausgabe. In: Werkausgabe Bd. 4. Frankfurt a. Main: Suhrkamp 1985 (= stw 553).

Bloch, Ernst: Geist der Utopie. 1. Fassung. Faksimile der Ausgabe von 1918. In: Werkausgabe Bd. 16. Frankfurt a. Main: Suhrkamp 1985 (= stw 565).

Bloch, Ernst: Geist der Utopie. 2. Fassung. Bearbeitete Neuauflage der zweiten Fassung von 1923. In: Werkausgabe Bd. 3. Frankfurt a. Main: Suhrkamp 1985 (= stw 552).

Bocheński, J[oseph] M[arie]: Europäische Philosophie der Gegenwart. Bern 1947 (= Sammlung Dalp Bd. 50).

Böll, Heinrich: Ich denke an sie wie an ein Märchen. In: H. B.: Einmischung erwünscht. Schriften zur Zeit. Köln: Kiepenhauer & Witsch 1977, S. 47-49.

Bothner, Susanne: Ingeborg Bachmann: Der janusköpfige Tod. Versuch der literaturpsychologischen Deutung eines Grenzgebietes der Lyrik unter Einbeziehung des Nachlasses. Frankfurt a. Main, Bern, New York: Lang 1986 (Europäische Hochschulschriften Bd. 906).

Brinkemper, Peter: Liebe als Fragment. Affinitäten und Differenzen zwischen Bachmann und Barthes. In: Jahrbuch der Grillparzergesellschaft. 3. Folge Bd. 16 (1984/85/86), S. 189-199.

Buber, Martin: Die chassidische Botschaft. Heidelberg: Lambert Schneider 1952.

Büchner, Georg: Werke und Briefe. Hrsg. von K. Pörnbacher u. a. München: Hanser 1980.

Bürger, Christa, Ich und wir. Ingeborg Bachmanns Austritt aus der ästhetischen Moderne. In: Text + Kritik (1984), Sonderheft: Ingeborg Bachmann, S. 7-27.

Cabaud, Jaques: Simone Weil. Die Logik der Liebe. Mit einem Vorw. von Dietrich von Hildebrand. Freiburg, München: Alber 1968.

Carnap, Rudolf: Bedeutung und Notwendigkeit. Wien, New York: Springer 1972 (Library of exact philosophy 6).

Carnap, Rudolf: Intellectual Autobiography. In: The Philosophy of Rudolf Carnap. Ed. by Arthur Schilpp. La Salle, London 1963.

Carnap, Rudolf: Scheinprobleme in der Philosophie. Das Fremdpsychische und der Realismusstreit. Hrsg. von Hans Blumenberg, Jürgen Habermas, Dieter Henrich und Jakob Taubes. Frankfurt a. Main: Suhrkamp 1966 (Theorie I.).

Carnap, Rudolf: Überwindung der Metaphysik durch logische Analyse der Sprache. In: Erkenntnis, Bd. 2. Leipzig 1931.

Cella, Ingrid: »Das Rätsel Weib« und die Literatur. Feminismus, feministische Ästhetik und die Neue Frauenliteratur in Österreich. In: Studien zur österreichischen Erzählliteratur der Gegenwart. Hrsg. v. Herbert Zeman. Amsterdam: Rodopi 1982 (= Amsterdamer Beiträge zur Neueren Germanistik Bd. 14) S. 223-225: Ingeborg Bachmann.

Cixous, Hélène: Weiblichkeit in der Schrift. Berlin: Merve 1980.

Conrady, Peter: Fragwürdige Lobrederei. Anmerkungen zur Bachmann-Kritik. In: Text + Kritik (1971), H.6 (2. Aufl.), S. 48-55.

Crews, Elisabeth: Wort und Wahrheit. Das Problem der Sprache in der Prosa Ingeborg Bachmanns. University of Minnesota, Minneapolis/MN 1977. (Diss., masch.).

Curtius, Ernst Robert: Die literarischen Wegbereiter des neuen Frankreich. Potsdam: Kiepenheuer ^{3}1923.

Curtius, Ernst Robert: Essays on European Literature. Introduction by Michael Kowal. Princeton; Univ. Press 1973.

Curtius, Ernst Robert: Kritische Essays zur europäischen Literatur. 2. erweiterte Aufl. Bern: Francke 1954.

Curtius, Ernst Robert: Französischer Geist im 20. Jahrhundert. Bern: Francke 1952.

Curtius, Ernst Robert: Marcel Proust. Frankfurt a. Main 1973 (= Bibliothek Suhrkamp Bd. 28.).

Doppler, Alfred: Die Sprachauffassung Ingeborg Bachmanns. In: Neophilologus 47 (1963), S. 277-285.

Eco, Umberto: Opera aperta. Milano: Bompiani 1962.

Ekroll, Eddny: Keine neue Welt ohne Sprache. Zur Erkenntnisproblematik in Ingeborg Bachmanns Erzählung »Das dreißigste Jahr«. Bergen: Univ. Bergen 1979 (= Schriften des deutschen Instituts der Univ. Bergen 5).

Eifler, Margret: Ingeborg Bachmann: »Malina«. In: Modern Austrian Literatur 12 (1979), S. 373-391.

Endres, Ria: »Die Wahrheit ist dem Menschen zumutbar«. Zur Dichtung der Ingeborg Bachmann. In: Neue Rundschau 92 (1981), H.4, S. 71-97.

Eschenbacher, Walter: Fritz Mauther und die deutsche Literatur um 1900. Eine Untersuchung zur Sprachkrise der Jahrhundertwende. Frankfurt a. Main, Bern: Lang 1977 (= Europäische Hochschulschriften, Reihe I., Deutsche Literatur und Germanistik Bd. 163).

Ezergailis, Inta: Women Writers. - The Divided Self. Analysis of Novels by Christa Wolf, Ingeborg Bachmann, Doris Lessing and Others. Bonn: Bouvier 1982 (= Studien zur Germanistik, Anglistik und Komparatisitk 109).

Fehl, Peter: Sprachskepsis und Sprachhoffnung im Werk Ingeborg Bachmanns. Phil. Diss., Mainz 1970.

Freud, Sigmund: Das Unbehagen in der Kultur. In: S. F.: Abriß der Psychoanalyse. Das Unbehagen in der Kultur. Frankfurt a. Main: Fischer 1972 u. ö. (= Bücher des Wissens 6043).

Friedell-Brevier. Aus Schriften und Nachlaß ausgew. v. Walther Schneider. Wien: Erwin Müller Verlag 1947.

Friedrich, Hugo: Montaigne. Bern: Francke 1949.

Friedrich, Hugo: Montaigne. 2. neubearb. Aufl. Bern und München: Francke 1967.

Fuld, Werner: Walter Benjamin. Zwischen den Stühlen. Eine Biographie. München, Wien: Hanser 1979.

Gallas, Helga: Das Textbegehren des »Michael Kohlhaas«. Die Sprache des Unbewußten und der Sinn der Literatur. Reinbek bei Hamburg: Rowohlt 1981 (= rowohlt dnb 162).

Gellner, Ernest: Words and things. A critical account of linguistic philosophy and a study in ideology. With an introduction by Bertrand Russell. London: Golancz 1963.

Groddeck, Georg: Das Buch vom Es. Psychoanalytische Briefe an eine Freundin. Neu hrsg. v. Helmut Siefert. Frankfurt a. Main: Fischer Tachenbuchverlag 1979 (= Bücher des Wissens 6367).

Groddeck, Georg: Der Mensch und sein Es. Briefe, Aufsätze, Biographisches. Hrsg. v. Margaretha Honneger. Wiesbaden: Limes Verlag 1970.

Groddeck, Georg: Der Mensch als Symbol. Unmaßgebliche Meinungen über Sprache und Kunst. Wien 1933.

Groddeck, Georg: Psychoanalytische Schriften zur Literatur und Kunst. Ausgew. u. hrsg. v. Egenolf Roeder von Diersburg. Wiesbaden: Limes Verlag 1964.

Gross, Stefan: Ernst Robert Curtius und die deutsche Romanistik der zwanziger Jahre. Zum Problem nationaler Images in der Literaturwissenschaft. Bonn: Bouvier 1980 (= Aachener Beiträge zur Komparatistik Bd. 5).

Gürtler, Christa: »Der Fall Franza«: Eine Reise durch die Krankheit und ein Buch über ein Verbrechen. In: Der dunkle Schatten, dem ich schon seit Anfang folge [...]. Hrsg. von Hans Höller. Wien, München: Löcker 1982, S. 71-84.

Gürtler, Christa: Schreiben Frauen anders? Untersuchungen zu Ingeborg Bachmann und Barbara Frischmuth. Stuttgart: Heinz 1983 (= S.A.G. 134 Salzburger Beiträge 8).

Haas, Gerhard: Studien zur Form des Essays und zu seinen Vorformen im Roman. Tübingen: Niemeyer 1966 (= Studien zur deutschen Lit. Bd. 1).

Hamm, Peter: Der Künstler als Märtyrer. Über Ingeborg Bachmanns Gesammelte Werke. In: Der Spiegel vom 5.6.1978, S. 193-200.

Hapkemeyer, Andreas: Die Sprachthematik in der Prosa Ingeborg Bachmanns. Todesarten und Sprachformen. Frankfurt a. Main, Bern: Lang 1982.

Hapkemeyer, Andreas: Ingeborg Bachmanns früheste Prosa. Struktur und Thematik. Bonn: Bouvier 1982.

Hapkemeyer, Andreas: Ingeborg Bachmann: Die Grenzthematik und die Funktion des slawischen Elements in ihrem Werk. In: Acta Neophilologica (Ljubljana) 17 (1984), S. 45-49.

Hartnack, Justus: Wittgenstein und die moderne Philosophie. Stuttgart: Kohlhammer 1962 (= Urban Bücher 6).

Heidegger, Martin: Einführung in die Metaphysik. Tübingen: Niemeyer 1953.

Heidegger, Martin: Holzwege. Frankfurt a. Main: Klostermann 1963.

Heidegger, Martin: Nietzsche. Pfullingen: Neske 1961.

Heidegger, Martin: Sein und Zeit. Tübingen: Niemeyer [15]1979.

Heidegger, Martin: Unterwegs zur Sprache. Pfullingen: Neske 1959.

Heidegger, Martin: Was ist das - die Philosophie. Pfullingen: Neske 1956.

Heidsieck, François: Simone Weil. Paris: Seghers 1965.

Heller, Erich: Im Zeitalter der Prosa. Literarische und philosophische Essays. Frankfurt a. Main: Suhrkamp 1984.

Henze, Hans Werner: Musik und Politik. Schriften und Gespräche 1955-1975. München 1976 (= dtv 1162).

Hocke, Gustav René (Hrsg.): Der französische Geist. Die Meister des Essays von Montaigne bis zur Gegenwart. Leipzig: Rauch 1938.

Hocke, Gustav René: Die Welt als Labyrinth. Manier und Manie in der europäischen Kunst. Beiträge zur Ikonographie und Formgeschichte der europäischen Kunst von 1520 bis 1650 und der Gegenwart. Hamburg: Rowohlt 1957 (= rowohlts deutsche enzyklopädie 50/51).

Hocke, Gustav René: Manierismus in der Literatur. Sprach-Alchimie und esoterische Kombinationskunst. Beiträge zur vergleichenden europäischen Literaturgeschichte. Hamburg: Rowohlt 1959 (= rowohlts deutsche enzyklopädie 82/83).

Hocke, Gustav René: Verzweiflung und Zuversicht. Zur Kunst und Literatur am Ende unseres Jahrhunderts. München: Piper 1974 (= Serie Piper 112).

Höller, Hans: Die »Polen-Interviews« Ingeborg Bachmanns und ihre Stellung im Gesamtwerk. In: Österreichisch-polnische literarische Nachbarschaft. Poznań, 30. November - 2. Dezember 1977, Materiały z konferencji. Poznań: Wydawnictwo Naukowe Uniw. im. A. Mickiewicza 1979, S. 127-135.

Höller, Hans: Krieg und Frieden in den poetologischen Überlegungen von Ingeborg Bachmann. In: Acta Neophilologica (Ljubljana) 17 (1984), S. 61-70.

Höller, Hans: Ingeborg Bachmann. Das Werk. Von den frühesten Gedichten bis zum »Todesarten«-Zyklus. Frankfurt a. Main: Athenäum 1987.

Holschuh, Albert: Utopismus im Werk Ingeborg Bachmanns: Eine thematische Untersuchung. Diss. Princeton 1964.

Holthusen, Hans Egon: Der unbehauste Mensch. Motive und Probleme der modernen Literatur. München: Piper 1951.

Holz, Hans Heinz: Prismatisches Denken. In: Über Walter Benjamin. Mit Beiträgen von Theodor W. Adorno, Ernst Bloch, Max Rychner, Gershom Scholem, Jean Selz, Hans Heinz Holz und Ernst Fischer. Frankfurt a. Main: Suhrkamp 1968, S. 62–110.

Horsley, Ritta Jo: Re-reading »Undine geht«: Bachmann and Feminist Theory. In: Modern Austrian Literature 18 (1985), Nr. 3/4, S.223-238.

Jakubowicz-Pisarek, Marta: Stand der Forschung zum Werk von Ingeborg Bachmann. Frankfurt a. Main, Bern, New York: Lang 1984 (= Europäische Hochschulschriften, Reihe I: Deutsche Sprache und Literatur Bd. 753).

Janik, Allan/Stephen Toulmin: Wittgenstein's Vienna. New York: Simon and Schuster 1973.

Jens, Walter: Zwei Meisterwerke in schwacher Umgebung. Ingeborg Bachmanns Prosa muß an höchsten Ansprüchen gemessen werden. In: Die Zeit vom 8.9.1961, S. 13.

Johnson, Uwe: Eine Reise nach Klagenfurt. Frankfurt a. Main: Suhrkamp 1974 (= suhrkamp taschenbuch 235).

Jurgensen, Manfred: Ingeborg Bachmann. Die neue Sprache. Bern, Frankfurt a. Main, New York: Lang 1981.

Kienlechner, Sabina: Ingeborg Bachmanns »Undine geht«. In: Freibeuter. Vierteljahresschrift für Kultur und Politik 16 (1983), S. 99-107.

Kleiner, Barbara: Die Proust-Übersetzungen Walter Benjamins. Sprache und Entfremdung innerhalb seiner Sprach- und Übersetzungstheorie. Bonn: Bouvier 1980 (= Abhandlungen zur Kunst-, Musik-, und Literaturwissenschaft Bd. 296)(zugleich phil. Diss., Innsbruck 1979).

Kolakowski, Leszek: Die Philosophie des Positivismus. München: Piper 1971.

Kraft, Victor: Der Wiener Kreis. Der Ursprung des Neopositivismus. Ein Kapitel der jüngsten Philosophiegeschichte. Wien: Springer 1950.

Kunze Barbara: Ein Geheimnis der Prinzessin von Kagran: Die ungewöhnliche Quelle zu der »Legende« in Ingeborg Bachmanns »Malina«. In: Modern Austrian Literature 18 (1985), Nr. 3/4, S. 105-119.

Lennox, Sara: Bachmann and Wittgenstein. In: Modern Austrian Literature 18 (1985), Nr. 3/4, S.239-259.

Lennox, Sara: Geschlecht, Rasse und Geschichte in »Der Fall Franza«. In: Text + Kritik (1984), Sonderheft; Ingeborg Bachmann, S. 156–179.

Lipski, Leo: Piotruś. Paryż 1960.

Lübbe, Hermann: Bewußtsein in Geschichten. Studien zur Phänomenologie der Subjektivität. Mach - Husserl - Schapp - Wittgenstein. Freiburg: Rombach 1972 (= rombach hochschul paperback band 37).

Lühe, Irmela von der: »Ich ohne Gewähr«. Ingeborg Bachmanns Frankfurter Vorlesungen zur Poetik. In: I. v. d. Lühe (Hrsg.): Entwürfe von Frauen in der Literatur des 20. Jahrhunderts. Berlin: Argumente 1982 (= Literatur im historischen Prozeß. N. F. 5), S 106-131.

Lukács, Georg: Über Wesen und Form des Essays. Ein Brief an Leo Popper. In: Deutsche Essays. Prosa aus zwei Jahrhunderten. Ausgew. u. erl. v. Ludwig Rohner. Bd. I-IV. Neuwied und Berlin: Luchterhand 1968, Bd. I, S. 32-54.

Mach, Ernst: Die Analyse der Empfindungen und das Verhältnis des Physischen zum Psychischen. 6. vermehrte Aufl. Jena: Gustav Fischer 1911.

Mach, Ernst; Erkenntnis und Irrtum. Skizzen zur Psychologie der Forschung. Leipzig: Johann Ambrosius Barth 1905.

Malcolm, Norman: Erinnerungen an Ludwig Wittgenstein. Mit einer biographischen Skizze von Georg Henrik von Wright und Wittgensteins Briefen an Norman Malcolm. Frankfurt a. Main: Suhrkamp 1987 (= Bibliothek Suhrkamp 957).

Marcuse, Herbert; Triebstruktur und Gesellschaft. Ein philosophischer Beitrag zu Sigmund Freud. Frankfurt a. Main; Suhrkamp 1965.

Marsch, Edgar; Ingeborg Bachmann. In: Deutsche Dichter der Gegenwart. Ihr Leben und Werk. Hrsg. von Benno von Wiese. Berlin: E. Schmidt 1973, S. 515-530.

Mauriac, Claude: Proust. Reinbek bei Hamburg: Rowohlt 1958 (= rowohlts monographien 15).

Mauthner, Fritz: Sprache und Leben. Ausgewählte Texte aus dem philosophischen Werk. Hrsg. von Gershon Weiler. Salzburg und Wien: Residenz 1986.

Mayer, Hans: Malina oder Der große Gott von Wien. In: Die Weltwoche vom 30.4.1971, S. 35.

Mayer, Hans: Aussenseiter. Frankfurt a. Main: Suhrkamp 1975.

Mayer, Hans: Zur deutschen Literatur der 50er und 60er Jahre, In: Geschichte der deutschen Literatur aus Methoden - Westdeutsche Literatur von 1945 - 1971. Hrsg. v. H. L. Arnold, Frankfurt a. Main: Athenäum 1972 (= FAT 2031), Bd. II, S. 319-335.

Mechtenberg, Theo: Utopie als ästhetische Kategorie. Eine Untersuchung der Lyrik Ingeborg Bachmanns. Stuttgart: Heinz 1978 (= StAG 47).

Musil, Robert: Beitrag zur Beurteilung der Lehren Machs und Studien zur Technik und Psychotechnik. Hrsg. von Adolf Frisé. Reinbek bei Hamburg: Rowohlt 1980.

Musil, Robert; Gesammelte Werke. Bd. 1-9. Hrsg. v. Adolf Frisé. 2. verb. Aufl. Reinbek bei Hamburg: Rowohlt Taschenbuch Verlag 1981.

Nin, Anaïs: The journals. Ed. and with an introduction by Gunther Stuhlmann. Vol. 1-7. London: Owen 1966-1980.

Nyiri, J. C.: Zwei geistige Leitsterne: Musil und Wittgenstein. In: Literatur und Kritik (1977), H.113, S. 167-179.

Oelmann, Ute Maria: Deutsche poetologische Lyrik nach 1945; Ingeborg Bachmann, Günter Eich, Paul Celan. Stuttgart: Heinz 1980 (= StAG 74) (zugleich phil. Diss. Tübingen 1978).

On four modern humanists. Hofmannsthal, Gundolf, Curtius, Kantorowicz. Ed. By Arthur R. Evans, Jr. Princeton 1970.

Pétrement, Simone; La Vie de Simone Weil. Avec des lettres et d'autres textes inédits de Simone Weil. Vol. 1 (1909 - 1934). Vol. 2 (1934 - 1943). Paris: Fayard 1973.

Pichl, Robert: Dr. phil. Ingeborg Bachmann. Prolegomena zur kritischen Edition einer Doktorarbeit. In: Jahrbuch der Grillparzer-Gesellschaft, 3., Bd. 16 (1984/85/86), S. 167-188.

Pichl, Robert: Rhetorisches bei Ingeborg Bachmann. Zu den »redenden Namen« im »Simultan«-Zyklus. In: Akten des VI. Internationalen Germanisten-Kongresses. Basel 1980. Bern: Lang 1980.

Politzer, Heinz: Ingeborg Bachmann: »Das Spiel ist aus«. In: Views and Reviews of Modern German Literature. Festschrift for Adolf D. Klarmann. Hrsg. v. Karl S. Weimar. München: Delp 1974, S. 171-180.

Popper, Karl R.: The demarcation between science an metaphysics. In: The Philosophy of Rudolf Carnap. Ed. by Arthur Schilpp. La Salle, London 1963.

Praag, Charlotte van: »Malina« von Ingeborg Bachmann, ein verkannter Roman. In: Neophilologus. Vol. 66, No. 1 (1982), S. 111-125.

Probst, Gerhard F.: Ingeborg Bachmanns Wortspiele. In: Modern Austrian Literature 12 (1979), Nr. 3/4, S. 325-345.

Proust, Marcel: À la Recherche du Temps perdu. Bd. 1-7. Paris: Gallimard 1924-1927.

Proust, Marcel: Auf der Suche nach der verlorenen Zeit. Bd. 1-7. Frankfurt a. Main: Suhrkamp; Zürich: Rascher 1953-1957.

Rauch, Angelika: Sprache, Weiblichkeit und Utopie bei Ingeborg Bachmann. In: Modern Austrian Literature 18 (1985), Nr. 3/4, S. 21-38.

Rasch, Wolfdietrich: Erinnerung an Robert Musil. In: Robert Musil. Leben, Werk, Wirkung. Hrsg. v. Karl Dinklage. Reinbek bei Hamburg: Rowohlt 1960, S. 364-376.

Reich-Ranicki, Marcel: Anmerkungen zur Lyrik und Prosa der Ingeborg Bachmann. In: M.R.-R.: Deutsche Literatur in West und Ost. Prosa seit 1945. 2. Aufl. München: Piper 1966, S. 185-199.

Riedel, Ingrid: Traum und Legende in Ingeborg Bachmanns »Malina«. In: Psychoanalytische und psychopathologische Literaturinterpretation. Hrsg. von Bernd Urban und Winfried Kudszus. Darmstadt: Wissenschaftliche Buchgesellschaft 1981 (= Ars interpretandi 10).

Rohner, Ludwig: Der deutsche Essay. Materialien zur Geschichte und Ästhetik einer literarischen Gattung. Neuwied u. Berlin: Luchterhand 1966.

Rohner, Ludwig (Hrsg.): Deutsche Essays. Prosa aus zwei Jahrhunderten. Bd. 1-4. Neuwied u. Berlin; Luchterhand 1968.

Rowiński, Cezary: Esej i światopogląd [Der Essay und/als Weltanschauung]. In: Literatura vom 24.4.1980, S. 4.

Sauerland, Karol: Leid, Sprache und Utopie. Ingeborg Bachmanns »Frankfurter Vorlesungen«. In: Orbis litterarum 42 (1987), 3/4 (Bengt Algot Sørensen zum 60. Geburtstag), S. 439-446.

Seidel, Heide: Ingeborg Bachmann und Ludwig Wittgenstein. Person und Werk Ludwig Wittgensteins in den Erzählungen »Das dreißigste Jahr« und »Ein Wildermuth«. In: Zeitschrift für Deutsche Philologie. Bd. 98, H.2, Juni 1979, S. 267-282.

Schlaffer, Hannelore/Heinz Schlaffer: Studien zum ästhetischen Historismus. Frankfurt a. Main: Suhrkamp 1975 (= es 756).

Scholem, Gershom: Walter Benjamin. In: Über Walter Benjamin. Mit Beiträgen von Theodor W. Adorno u. a. Frankfurt a. Main: Suhrkamp 1968, S. 132-163.

Schulz, Beate A.: Struktur und Motivanalyse ausgewählter Prosa von Ingeborg Bachmann. Diss. Baltimore 1979.

Solibakke, Regine K.: »Leiderfahrung« und »homme traqué«: Zur Problemkonstante im Werk von Ingeborg Bachmann. In: Modern Austrian Literature 18 (1985), Nr. 3/4, S. 1-19.

Süskind, Wilhelm Emanuel: Der Essay - sonst und heute. In: Deutsche Rundschau 80 (1954), S. 785-788.

Summerfield, Ellen: Ingeborg Bachmanns Sprachverständnis. In: Neophilologus 62 (1978), S. 119-130.

Thieberger, Richard: Brochs vergeblicher Kampf gegen das »Geschichtel«-Schreiben. In: Hermann Broch: Werk und Wirkung. Hrsg. von Endre Kiss. Bonn: Bouvier 1985, S. 38-51.

Tiedemann, Rolf: Studien zur Philosophie Walter Benjamins. Dialektik im Stillstand: Versuche zum Spätwerk Walter Benjamins. Frankfurt a. Main: Suhrkamp 1983 (= stw 445).

Thiem, Ulrich: Die Bildsprache der Lyrik Bachmanns. Diss. Köln 1972.

Tisot, Antonia: Esperienza positiva per lo sviluppo del pensiero e dell' espressione linguistica di Ingeborg Bachmann. Diss. Roma 1981.

Wallner, Friedrich: Die Grenzen der Sprache als Grenzen der Welt. Wittgensteins Bedeutung für die moderne österreichische Dichtung. In: Österreich in Geschichte und Literatur. Wien. Jg. 25, H.2 (1981), S. 73-85.

Wallner, Friedrich: Jenseits von wissenschaftlicher Philosophie und Metaphysik. Nachwort. In: Ingeborg Bachmann: Die kritische Aufnahme der Existenzialphilosophie Martin Heideggers. München: Piper 1985, S. 177–199.

Weber, Hermann: An der Grenze der Sprache. Religiöse Dimension der Sprache und biblisch-christliche Metaphorik im Werk Ingeborg Bachmanns. Essen: Verlag Die Blaue Eule 1986 (= Germanistik in der Blauen Eule Bd. 7) (zugleich theol. Diss. Tübingen 1986).

Weigel, Sigrid: Die andere Ingeborg Bachmann. In: Text + Kritik (1984), Sonderband: Ingeborg Bachmann, S. 5f.

Weigel, Sigrid: »Ein Ende mit der Schrift. Ein anderer Anfang«. Zur Entwicklung von Ingeborg Bachmanns Schreibweise. In: Text + Kritik (1984), Sonderband: Ingeborg Bachmann, S. 58–92.

Weil, Simone: Attente de Dieu. Paris: La Colombe 1952.

Weil, Simone: Cahiers. Bd. 1–3. Paris: Plon 1970-1974.

Weil, Simone: Das Unglück und die Gottesliebe. München: Kösel 1953.

Weil, Simone: Intuitions pré-chrétiennes. Paris; La Colombe 1951.
Weil, Simone: Vorchristliche Schau. München-Planegg: Otto Wilhelm Barth Verlag 1959.
Weil, Simone: La condition ouvrière. Paris: Gallimard 1951.
Wittenberg, Israel Alexander: Vom Denken in Begriffen. Mathematik als Experiment des reinen Denkens. Basel und Stuttgart: Birkhäuser 1957 (= Wissenschaft u. Kultur Bd. 12).
Witte, Bernd: Ingeborg Bachmann. In: Neue Literatur der Frauen. Deutschsprachige Autorinnen der Gegenwart. Hrsg. von Heinz Puknus. München: Beck 1980, S. 33-43.
Witte, Bernd: Ingeborg Bachmann. In: Kritisches Lexikon der Gegenwartsliteratur. Hrsg. von Heinz Ludwig Arnold. München: edition text + kritik 1980ff.
Wittgenstein, Ludwig: Tractatus logico-philosophicus, Tagebücher 1941-1916, Philosophische Untersuchungen. In: Werkausgabe in 8 Bänden. Bd. 1. Frankfurt a. Main: Suhrkamp 1984 (stw 501).
Wittgenstein, Ludwig: Philosophische Bemerkungen. Aus dem Nachlaß hrsg. von Rush Rhees. In: Werkausgabe in 8 Bänden. Bd. 2. Frankfurt a. Main: Suhrkamp 1984 (= stw 502).
Wittgenstein, Ludwig: Briefe (Briefwechsel mit B. Russell, G. E. Moore, J. M. Keynes, F. R. Ramsey, W. Eccles, P. Engelmann und L. von Ficker). Hrsg. v. B. F. McGuiness und G. H. von Wright. Frankfurt a. Main: Suhrkamp 1980.
Wolf, Christa: Die zumutbare Wahrheit. Prosa der Ingeborg Bachmann. In: C. W.: Lesen und Schreiben. Aufsätze und Prosastücke. Darmstadt u. Neuwied: Luchterhand 1972 (= Sammlung Luchterhand 456), S. 121-134.
Ziolkowski, Theodore: Strukturen des modernen Romans. München 1972 (= List Taschenbücher Wissenschaft 1441).